War Crimes
Fourth Report on United States War Crimes
The Executive Committee of the International Criminal Tribunal for Iraq(ed.)

旧アブグレイブ刑務所で、5月から行方不明になっている息子の身分証明書を手にするイラク人男性（2004年7月3日）。
写真提供：共同通信社

イラク戦争・占領の実像を読む
ブッシュ・ブレア・小泉への起訴状
イラク国際戦犯民衆法廷実行委員会編

はじめに
イラク戦争・占領が違法な理由(わけ)
ようこそ イラク国際戦犯民衆法廷へ ……2

イラク国際戦犯民衆法廷起訴状

序　章	イラク攻撃へ至る経過	8
第1章	イラク攻撃	16
第2章	イラク占領	48
第3章	被抑留者への拷問	58
第4章	ファルージャの虐殺	67
第5章	小泉首相の犯罪	77

GENJIN ブックレット 43
現代人文社

● はじめに
イラク戦争・占領が違法な理由(わけ)
ようこそ　イラク国際戦犯民衆法廷へ

　私たちは，イラクにおいて行われている戦争犯罪を裁くための民衆法廷運動として，イラク国際戦犯民衆法廷（ICTI）の運動を展開しています。被告人はジョージ・ブッシュ米大統領，トニー・ブレア英首相，小泉純一郎日本国首相の3人です。

　本書には起訴状全文を収録しています。侵略の罪，人道に対する罪や戦争犯罪による起訴です。
　2003年3月20日に本格化した米英軍によるイラク攻撃は，「戦争」というよりも，一方的な侵略となぶり殺しと拷問の嵐です。ブッシュ大統領らは，地球を覆った反戦平和運動の願いを無視して，イラク攻撃を強行しました。イラク攻撃には国際法上の正当化理由がありません。イラクに大量破壊兵器があるというのは事実ではありませんでした。フセイン政権とアルカイダとの関係も示されませんでした。正当な開戦理由なしに行われた一方的で圧倒的な攻撃によって多数の人々の命が失われました。その多くは女性と子どもだったといわれています。おびただしい施設が破壊され，自然環境も生活環境も激しく破壊されました。
　主要な戦闘が終わったとされた後も，傲慢で抑圧的な占領政策のため，イラク人民のレジスタンスが湧き起こり，各地で戦闘が行われ，混乱状態がつづいています。そうした中，ファルージャでは一般市民に対する大虐殺が行われました。また，アブグレイブなどの収容所における異常な拷問と虐待が明るみに出ました。
　こうした戦争犯罪を許してはなりません。そこで私たちはICTIという民

衆法廷運動を始めました。

民衆法廷とは？

　それでは民衆法廷とは何でしょうか。

　民衆法廷の歴史は，ベトナム戦争におけるアメリカの戦争犯罪を裁いた1967年のラッセル法廷に始まります。イギリスの哲学者バートランド・ラッセルが提唱し，フランスの哲学者ジャン・ポール・サルトルらが実施したラッセル法廷は，ベトナムにおける戦争犯罪の実態を調査し，世界に向けて告発しました。

　1991年の「湾岸戦争」の際には，アメリカ元司法長官ラムゼー・クラークの提唱によって民衆法廷が開かれています。被告人は父親のブッシュ大統領でした。

　他方，2000年には東京で「女性国際戦犯法廷」が開かれ，いわゆる「慰安婦」問題を日本軍性奴隷制として告発し，昭和天皇などの犯罪を告発しました。

　2002年から2004年にかけて，アフガニスタン国際戦犯民衆法廷（ICTA）は，アフガニスタンにおけるアメリカの戦争犯罪を解明し，現ブッシュ大統領の犯罪を告発しました。

　本来ならブッシュ大統領やブレア首相は歴然たる戦争犯罪人ですから，何らかの国内機関か国際機関が彼らを逮捕して，訴追し，裁判を行う必要があります。しかし，実際にはそうした国内機関も国際機関も存在しません。最強の権力者であるブッシュ大統領たちを逮捕することも，裁判にかけることもできません。

　個人の戦争犯罪責任を追及するために設置された国際刑事裁判所（ICC）がありますが，アメリカはICC規程を批准していないためブッシュ大統領を訴追することはできません。イギリスはICC規程を批准していますから，ブレア首相を訴追する可能性がまったくないわけではありませんが，ICCは発足したばかりで，それだけの実力を効果的に発揮することは難しいと見られています（イギリスの反戦運動はブレア首相をICCで裁くための告発運動を展開しています）。日本もICC規程を批准していませんから，小泉首相をICCで裁くことは困難です。それでは，私たちはあきらめるしかないのでし

ょうか。

　ここに登場するのが民衆法廷というプロジェクトです。これほど悪質な戦争犯罪を堂々と行っているのに，どの裁判所も彼らを裁くことができないのなら，民衆が自分たちの責任で民衆法廷を行うしかありません。本来守られるべき国際法，適用されるべき国際法を国際社会が実現できないのなら，民衆が国際法の担い手として立ち上がるしかありません。

　いかなる国際法にも規定されず，誰からも授権されていませんが，民衆が自分たちの自覚に基づいて，歴史的責任を果たすために，ブッシュ大統領らを戦争犯罪人として名指しして，その犯罪を徹底的に解明し，立証し，裁かなくてはなりません。たとえ彼らを実際に逮捕して，刑務所に入れることができないとしても，戦争犯罪の事実を記録にとどめ，国際法に照らして裁き，歴史に残す営為が求められています。民衆による国際法の復権を目指すものです。

民衆法廷のグローバル化

　そこで私たちは，2003年10月にICTIを発足させました。ICTIはこれまでに6回の公聴会を開催してきました。公聴会とは，戦争犯罪の証拠収集・分析のための集会です。つまり民衆による犯罪捜査です。犯罪捜査のためには，現地調査が不可欠ですし，ジャーナリストや研究者による調査と報告が必要です。

　○第1回公聴会　2004年2月1日・大阪
　○第2回公聴会　2004年3月14日・東京
　○第3回公聴会　2004年4月25日・兵庫
　○第4回公聴会　2004年5月23日・沖縄
　○第5回公聴会　2004年6月6日・神奈川
　○第6回公聴会　2004年6月27日・東海

　この後も数回にわたる公聴会を連続開催して，民衆の手によって戦争犯罪を追及していきます。

　ICTIは，少なくとも4回の公判を予定・準備しています。公判において，

検事団が起訴状を提出し，犯罪を立証し，被告人の刑事責任を追及します。アミカス・キュリエ（裁判所の友）は，被告人の権利を擁護します。裁判所は，これらの証拠と立論に基づいて事実を認定し，法適用を行います。

　○第1回公判　2004年7月17日・京都
　○第2回公判　2004年7月18日・京都
　○第3回公判　2004年12月11日・東京
　○第4回公判　2004年12月12日・東京

　ブッシュ大統領らの戦争犯罪を追及する民衆法廷は，私たちICTIだけではありません。同様の試みが世界中に広まっており，イラク世界法廷（WTI）というネットワークができています。2003年から2004年にかけて各地で，法廷・公聴会・調査委員会といった名称のもとに，米英軍の戦争犯罪を解明する試みが行われています。たとえば次のような運動が広がっています。
　○2003年11月8日　ロンドン公聴会（イギリス）
　○2004年1月18日　アメリカの戦争犯罪を裁く世界女性法廷（ムンバイ，インド）
　○2004年4月14日—17日　ブラッセル法廷（ベルギー）
　○2004年5月8日　ニューヨーク公聴会（アメリカ）
　さらに2004年10月10日・11日には広島でもWTIの公聴会が開催される予定です。スペイン，ドイツ，イタリアなどでも同様の動きがあります。そして，イラク攻撃開始2周年の2005年3月20日，イスタンブール（トルコ）で最終法廷を行う計画です。こうして民衆法廷のグローバル化が進んでいます。ICTIはWTIの一環であるとともに，WTIのパートナーという位置づけになっています。

民衆vs小泉首相

　本書に収録した起訴状は，ブッシュ大統領・ブレア首相・小泉首相という戦犯3兄弟を被告人としています（イラク攻撃当初であれば3兄弟の一人はアスナール・スペイン首相でしたが，いまや小泉首相がその椅子に座っています）。

はじめに

ICTI検事団は，この起訴状において，戦犯3兄弟が犯した，そしていまも犯し続けている数々の戦争犯罪にくっきりと輪郭を与え，素描しています。ここでは，起訴状の特色を2点だけ示しておきます。

　第1に，ICTI検事団は日本の若手弁護士が中心となって構成されていますが，起訴状作成に当たっては，弁護士である検事団だけが執筆するのではなく，ICTI実行委員会に加わっている市民の声を反映させるものとしました。法律家でない市民も起訴状作成会議に出席し，意見を述べました。さらに，起訴状作成のために必要な資料を収集し，起訴状の一部を実際に執筆しています。検事団が総まとめをして起訴状は完成しました。

　第2に，ICTI起訴状は小泉首相を被告人に加えました。米英軍のイラク攻撃を支持し，協力しただけではなく，イラクに自衛隊を派兵したのですから，侵略の罪の実行に加わったのです。起訴状は日本国憲法9条にも言及して，小泉首相が憲法9条に違反し，憲法を破壊していることを批判しています。憲法破壊という罪は，日本の刑法にも国際刑法にも規定されていませんが，自国の憲法原則を踏みにじって，国際法に違反する戦争犯罪を犯しているのですから，罪はより重いものというべきです。日本国憲法99条は公務員の憲法尊重擁護義務を定めています。憲法破壊の小泉首相には首相たる資格があるかどうかが問われるべきです。

　ICTIは，この起訴状をもとに，さらに主張・立証を重ねて，戦犯3兄弟の戦争犯罪を追及していきます。平和のための民衆法廷運動に，一人でも多くの皆さんの参加・協力が得られることを願っています。

2004年7月17日

イラク国際戦犯民衆法廷実行委員会

イラク国際戦犯民衆法廷起訴状

被告人
ジョージ・ブッシュ米大統領
トニー・ブレア英首相
小泉純一郎日本国首相

共同通信提供

●以下の用語は略語を用いた。
・ICTI＝イラク国際戦犯民衆法廷
・ICC＝国際刑事裁判所規程（アムネスティ編『入門国際刑事裁判所』〔現代人文社，2002年〕所収）
・規程＝イラク国際戦犯民衆法廷規程（ICTI・HP所収）
・第1議定書＝国際的武力紛争の犠牲者の保護に関する追加議定書
・第1条約＝戦地にある軍隊の傷者及び病者の状態の改善に関する1949年8月12日のジュネーブ（第1条約）

●序章
イラク攻撃へ至る経過

第1　被告人らに対する起訴

　ブッシュ大統領，ブレア首相は米英両軍を指揮して，イラクを侵略し，大量殺戮兵器を使用し，違法な占領を続けて，多くの市民を虐殺，虐待しました。小泉首相はこれを支援し，自衛隊を派遣してイラク占領に荷担しています。

　このイラク戦争に対しては，開始直前の2003年2月15日，1000万人以上の市民が反対運動を起こし，反戦の声が世界を覆いました。ブッシュ大統領，ブレア首相によるイラク攻撃は，このような世界の反戦の声を押し切って強行されたものでした。2004年3月20日にも，まだ止まぬ米国・英国の違法行為に対して，世界の多くの市民が立ち上がりました。

　イラク国際戦犯民衆法廷検事団は，この世界民衆の反戦の声を受けて，ブッシュ大統領，ブレア首相，小泉首相の行為を戦争犯罪として起訴します。

戦争犯罪処罰と戦争違法化の歴史

　この法廷で適用される戦争犯罪とは，狭い意味では，ジュネーブ条約に代表される戦時法規（戦争のルール）に違反する行為です。戦争とはいえ一定のルールに則って行われる必要があり，捕虜を虐待したり，民間人を虐殺するような行為は，狭い意味での戦争犯罪となります。

　戦争犯罪にはもう一つ広い意味があります。それは侵略の罪と人道に対する

罪を含みます。侵略の罪は他国の主権と他国民の自決権を侵す罪であり、人道に対する罪とは、広く人道を犯す罪です。

戦争犯罪という考え方が成立してきた背景には、武力行使の違法化の歴史があります。

中世・近世ヨーロッパでは、戦争は正当な理由がある場合に限り許されるという正戦論が採られてきましたが、30年戦争終了後、近代主権国家が成立しキリスト教会の権威が衰退すると、戦争の正・不正の判断が不可能となり無差別戦争観がとられるようになりました。

そこでは、戦争そのものの違法性が問題とされなくなった反面、戦争手段についての法的規制＝戦争法は、交戦国双方に平等に適用されねばならないとされて発展しました。

しかし、総力戦だった第1次世界大戦はかつてない惨禍を生じ、世界の人々は、それまでの戦争手段についての規制だけでは足りない、戦争自体を違法として規制しなければならない、と考えました。

そこで1919年の国際連盟規約は、全ての国際紛争を裁判や理事会の審査に付することを連盟国に義務づけ、1928年のパリ不戦条約第1条は、「国家間の紛争の解決のために戦争に訴えることを非とし、かつ彼ら相互間の関係において、国家政策の手段としての戦争を放棄する」と宣言しました。それが第2次世界大戦の痛苦の体験を経て国際連合憲章（1945年）に結実したのです。

国際連合憲章は、以下のように、武力行使を違法として禁じました。

前文：我ら連合国の人民は、我らの一生のうちに2度まで言語に絶する悲哀を人類に与えた戦争の惨害から将来の世代を救い、……国際の平和および安全を維持するために我らの力を合わせ……ることを決意し……我らの努力を結集することを決定した。

第1条【目的】

1　国際の平和及び安全を維持すること。そのために、平和に対する脅威の防止及び除去と侵略行為その他の平和の破壊の鎮圧とのため有効な集団的措置をとること並びに平和を破壊するに至る虞のある国際的の紛争又は事態の調整

序章　イラク攻撃へ至る経過

又は解決を平和的手段によって且つ正義及び国際法の原則に従って実現すること。

第2条【原則】
4　すべての加盟国は，その国際関係において，武力による威嚇又は武力の行使を，いかなる国の領土保全又は政治的独立に対するものも，また，国際連合の目的と両立しない他のいかなる方法によるものも慎まなければならない。

さらに，ナチス・ドイツと日本軍国主義を裁いた1945年のニュルンベルク裁判，1946年の極東国際軍事裁判は，戦争法＝国際人道法違反行為をなした個人の行為を「戦争犯罪」（狭義）とし，侵略戦争遂行は「平和に対する罪」，ナチス・ドイツのユダヤ人迫害の体験から「人道」そのものを保護法益とした「人道に対する罪」も規定され，実際に処罰がなされました。そして同年の第1回国連総会は，この戦争犯罪（広義）処罰を一般国際法上の原則として全会一致で採択し承認したのです。

1949年にはジュネーブ4条約が採択され，多くの文民が犠牲となった第2次世界大戦の経験を踏まえ，文民の保護と内戦など事実上の戦争への適用が計られました。

その後，民族解放闘争の発展の中で，1977年，ジュネーブ条約追加議定書が採択され，民族解放闘争でも戦争犠牲者保護と武力行使手段の規制がなされました。

一方，米ソの冷戦構造の中，国際法廷開催はありませんでしたが，1993年以降，ユーゴ紛争やルワンダの部族虐殺についての国際法廷設置がなされ，戦争犯罪処罰が再び行われるようになりました。

1998年，ローマ会議に諸国の代表が集まり恒常的な国際刑事裁判所（ICC）の設立が決められ，その規程で戦争犯罪の処罰が定められました。侵略の罪も犯罪として掲げられ，2002年には規程が発効しました。

このように，戦争そのものの違法化と戦争手段の刑罰での規制は世界の流れとなっています。イラク国際民衆法廷も，このICC規程に準拠して戦争犯罪を裁くものです。

第2 イラク戦争へ至る歴史

1 イラク前史

　イラクは，メソポタミア文明以来，6000年の歴史と文化を誇る国です。8世紀以降はアッバース朝イスラム帝国の首都としてさかえました。

　しかし，その後は大国に翻弄されてきました。17世紀からはオスマン・トルコ帝国に支配され，第1次世界大戦後，大英帝国の勢力圏とされましたが，1932年に独立しました。第2次世界大戦後当初は，英国の支配に代わり，米国の軍事ブロックに組み込まれていましたが，世界第2位の産油国であることもあって，次第に発言力を増し，OPEC（石油輸出国機構）を形成して西側資本主義国に対抗するまでになりました。

　1980年，隣国のイランでイスラム革命が起こり，親米パーレビ王政が倒れました。その混乱に乗じて，9月にはフセイン大統領の率いるイラク軍はイランに侵攻しました。米国は，このイラン・イラク戦争で，イランの反米的な新政権を崩壊させようとして，軍事援助など，イラクのフセイン政権に対して全面的な支援を行ってきました。イラクは戦争の際にマスタード・ガス，神経ガスなどの化学兵器をイランや自国民のクルド人に対して使用しました。

　それに対抗してソ連がイランを支援し，イラン・イラク戦争は米ソ代理戦争の様相も呈して8年にもわたり，多くの犠牲者を出しました。

2 湾岸戦争

　1989年から東欧の「社会主義」政権が次々と崩壊し，米国もソ連への対抗を弱めました。そのすきに乗じ，1990年8月2日イラク軍がクウェートに侵攻しました。

　8月3日，国連安保理は，イラクのクウェート侵攻を非難する（即時撤退要求）決議660号を採択し，8月6日には，国連安保理は，イラクへの経済制裁と海外資産凍結を求める決議661号を採択しました。

　さらに11月29日には，国連安保理は翌1991年1月15日の撤退期限以後の武力行使を認める決議678号を採択し，1月17日，米軍は「砂漠の嵐」作戦と称して空爆を開始し「湾岸戦争」がはじまりました。

　この後42日間で米軍は1日平均2000回の出撃を行い，イラク，クウェート，

及びサウジアラビアに推定300〜800トンの劣化ウラン弾を投下しました。

後で述べるように、劣化ウラン弾は人体に重大な害悪をもたらす兵器であり、医療的措置を施すために大量の医薬品をはじめとする物資が必要となります。しかし、経済制裁のため、それらの物資は全く入手できませんでした。

湾岸戦争は圧倒的な軍事力を有する米国の勝利で終結しました。

3　経済制裁による犠牲

1991年4月3日、国連安保理は「湾岸戦争」停戦のための決議687号を採択しました。4月6日、イラクはこの安保理決議を受諾し正式に戦争を止めました。

決議687号には生物兵器・化学兵器などを含む大量破壊兵器を処分し、研究・開発プログラムや製造設備なども廃棄するまで制裁を行うという条件が含まれていました。これに基づいて経済制裁が続けられ、その結果、1992年3月5日の時点で停戦後のイラクの市民の死者は15万人を上回りました。犠牲者の大部分は子どもでした。

この決議により生物・化学兵器は国連大量破壊兵器廃棄特別委員会（UNSCOM）が、核兵器は国際原子力機関（IAEA）が、武器査察を行いました。UNSCOMは1997年10月には化学兵器製造関連設備の破壊を完了しました。

1998年7月27日には、IAEAはイラクの「核保有兆候なし」との現状報告を国連安保理に提出しました。

しかし、経済制裁は続けられ、1999年12月19日には「湾岸戦争」とその後の経済制裁で、すでに100万人以上のイラク人が死亡（ユニセフ推定）と発表されました。遅くとも大量破壊兵器廃棄の目的を達した1998年7月29日には経済制裁は解除されるべきだったと検事団は考えています。

4　米国の「飛行禁止区域設定」と空爆

経済制裁だけではありません。湾岸戦争停戦後の1991年4月16日、多国籍軍はイラクの北緯36度以北に「安全地帯」、飛行禁止区域を設定し、1992年8月27日には、米英仏軍、北緯32度以南のイラクのシーア派居住地区を「シーア派の保護」の名目で「飛行禁止空域」に指定しました。これは、国連の

休戦条約にも制裁規定にも定められていない一方的な処置であり，飛行禁止空域はともに油田地帯でした。米国が油田の権益を狙って飛行禁止空域を設定したのではと疑われます。

以後，米国は飛行禁止区域侵犯を理由にイラクを攻撃するようになりました。

1993年1月には，米英軍は北部と南部のイラク軍を爆撃してイラク軍機を撃墜し，クラスター爆弾も投入しました。ミサイルのうち一発はバグダッド市内のホテルに命中しました。1月のクリントン大統領就任翌日から連続3日間，米軍はイラク軍を攻撃しました。

6月には，米軍はトマホークでイラクを攻撃し，著名な芸術家など多くのイラク市民が死亡しました。

1996年9月にも米国はイラクのクルド人地区侵攻への制裁でイラクをミサイル攻撃しました。

1997年6月にも米軍機がイラク基地にミサイル攻撃を行いました。

このように，米国は，今回の戦争開始以前から，イラクへの爆撃をずっと行ってきたのです。

経済制裁とは

この多大な犠牲をもたらしたイラクに対する経済制裁とは，国連憲章41条が定める平和と安全に対する脅威を除去するための非軍事的措置「経済関係の全部または一部の中断」の行使です。

しかし，国連憲章の定める非軍事的措置は，平等であるはずの各国の主権に制約を与えるものである以上（憲章2条1項），「国際の平和及び安全を維持し回復する」という目的実現のために必要最小限度でなければなりません。

100万人もの死者を出す制裁は限度を超え，人道に反します。

被告人ジョージ・ウォーカー・ブッシュ

　被告人ジョージ・ウォーカー・ブッシュは，1946年7月6日，アメリカ合衆国コネティカット州ニューヘブンにおいて出生し，少年時代のほとんどをテキサス州のミッドランドで過ごした。

1968年，エール大学歴史学部を卒業した後，国家航空警備隊のF-102機でパイロットを務めた。

1973年，マサチューセッツ州ケンブリッジのハーバード大ビジネス・スクールに入学した。

1975年，ミッドランドに戻り，石油事業を試みる。まず，土地の採掘権を調査し，石油採掘の見込みのある土地の借地契約を交渉する「ランドマン」になり，その後ほどなくして，鉱業権や鉱区使用権の取引や，採掘プロジェクトへの投資を行った。

1978年，テキサス州西部の下院議員選挙に立候補するも落選。
　この間，スペイン語で「ブッシュ（茂み）」の意味となるアルブスト・エナジーという会社を設立し，後にブッシュ・エキスプロレーションと改称したが，事業は失敗に終わった。

1984年，別の中小石油探査会社と合併し，スペクトラム7という新企業の社長となる。

1986年，スペクトラムより規模の大きいハークン・エナジー・コーポレーションが，同社を買収し，しばらくの間，同社のコンサルタントを務めた。

1988年，父ジョージ・ブッシュが第41代アメリカ合衆国の大統領に就任。

1991年，父ジョージ・ブッシュが湾岸戦争開始。

1995年，テキサス州第46代知事に当選。

1998年，再び州知事に立候補し，再選。

2000年，第43代アメリカ合衆国の大統領に当選。

2001年，第43代アメリカ合衆国の大統領に就任。大統領就任演説を行う。同年，アフガニスタンへの空爆を開始。

2003年3月20日，ホワイトハウス，大統領執務室にてテレビ演説，イラク宣戦布告。

被告人トニー・ブレア

被告人トニー・ブレアは，1953年，5月6日，スコットランドのエディンバラで出生。
　1976年，オックスフォード大学セント・ジョンズ・カレッジを卒業した後，法廷弁護士となる。
　1983年，労働党の下院議員に初当選。
　1984～87年，大蔵・経済関係担当野党スポークスマンに就任。
　1987～88年，影の内閣のエネルギー担当大臣になる。
　1988～89年，影の雇用大臣になる。
　1989～92年，雇用担当野党スポークスマンに就任。
　1992～94年，影の内相（野党の内相の地位）になる。
　1994年，労働党党首に就任。
　1997年，英国首相に43歳で就任。20世紀最年少の首相となる。
　2001年，総選挙に勝利し，政権二期目に入る。
　2001年，米国のアフガン攻撃に協力。
　2003年3月21日，アメリカのイラク戦争宣戦布告に直ちに協力し英陸海軍の参戦発表。

被告人小泉純一郎

被告人小泉純一郎は，1942年1月8日，に神奈川県横須賀市に政治家一家の子として出生。
　1964年，父，小泉純也が防衛庁長官に就任。
　1967年，慶応義塾大学経済学部を卒業した後，ロンドン大学に2年間留学。
　1970年，衆議院議員福田赳夫氏秘書となる。
　1972年，衆議院議員初当選（30歳）以後連続当選。
　1988年，厚生大臣に就任。
　1992年，郵政大臣に就任。
　1995年，自由民主党総裁選に立候補。
　1998年，清和会（森派）会長に就任。
　2001年，第87代内閣総理大臣に就任。
　2001年，靖国神社に参拝。
　2003年，第88代内閣総理大臣に就任。
　2003年，米国によるイラク攻撃開始への支持を表明。
　2004年，自衛隊のイラク，サマワへの派遣を決定

序章　イラク攻撃へ至る経過

●第1章
イラク攻撃

　この章では，米英軍のイラク攻撃にいたる経緯，攻撃自体の犯罪性，その際の民間人，民間施設への攻撃，劣化ウラン弾の使用などの犯罪性を明らかにします。

第1　米国のイラク攻撃

1　イラク攻撃の実行

　2003年3月20日未明，米英軍はイラクに対する爆撃を開始し，イラク戦争が始まりました。ブッシュ大統領は，米軍の最高司令官として，米国陸海空軍，海兵隊に対し，イラクに対する武力攻撃を指示し，主要都市への空爆，攻略，イラク軍との戦闘などによる戦争を行わせたのです。

　ブレア首相も，19日，緊急閣議でイラクに武力行使を加えることを決定し，3月20日，英国軍に対して米軍と共にイラクに対する武力攻撃をするように指示し，ブッシュ大統領と同様に戦争を行わせました。

　3月30日，米英軍はバスラ，バグダッドを連日空爆しました。米英軍の空爆により，罪もないイラクの人々一万人が犠牲になりました。市民生活は破壊され，幸せな家庭は崩壊し，イラクの首都バグダッドでは，親を失った子どもたち，子どもを失った親たちの嘆きがあちこちで聞かれたのです。

　4月7日に，米英軍の地上軍はバグダッドに突入し，4月9日，米英軍はついにバグダッドを制圧し，フセイン政権を崩壊させました。それから，今日に至るまで，米英軍がイラク全土を占領し続けています。

2 イラク攻撃の理由は認められるか
(1) イラク攻撃の理由とその変遷
　一体，これほど多くの人命を奪ったイラク攻撃の理由は何だったでしょうか。

A　対テロ戦争
　まず，ブッシュ大統領が掲げたのは「対テロ戦争」です。米国は，2001年の9・11事件後，「対テロ戦争」を行うと称してアフガニスタンを攻撃しましたが，その対象はアフガニスタンにとどまらない，「この戦争は，世界に手を広げる全てのテロ集団が発見され，阻止され，そしてうち負かされるまで続くであろう」と公言していました（2001年9月20日両院合同会議でのブッシュ大統領の演説）。

B　大量破壊兵器保持
　そのあと，2002年1月29日の一般教書演説で，ブッシュ大統領はイラクなどを「大量破壊兵器を保持し，世界に脅威を与える『悪の枢軸』である」と非難して，対テロ戦争の対象としてイラクを名指しするとともに，大量破壊兵器保持を攻撃の理由に加えました。

　2002年9月，米国は国家安全保障戦略（ブッシュ・ドクトリン）を発表し「米国は，グローバル規模のテロリストと戦っている」と表明し，「ならず者国家およびテロリストが，我々を攻撃する場合，通常の手段でそれを試みはしない」「これらの敵はテロ行為を手段としており，また大量破壊兵器を使用することもあり得る」と述べて，対テロ戦争と大量破壊兵器問題を結合させるようになりました。

　9月12日の国連総会では「サダム・フセインは大量破壊兵器を開発し続けている。サダム・フセインの存在は，国連の権威・世界の平和に対する脅威である」と演説しました。

　そして，米英は9月からイラク攻撃を容認する国連安保理決議の採択を求めましたが，世界的な反戦の世論が盛り上がる中，なかなか決議は採択されませんでした。結局11月8日，米国の求めたものとは異なり，イラクの大量破壊兵器の開発と保有を禁止義務違反と認定するとともに，イラクに対して大量破壊兵器に関する査察・情報公開について全面的な協力を求め，更なる査察を続けるべきとの国連安保理決議1441が全会一致で採択されました。

第1章　イラク攻撃

しかし，この決議1441には，米国の要求も反映されました。決議は，イラクに対し「即時，無妨害，無条件，無制限」の査察を要求するもので，フセインにとって実に厳しいものだったのです。このような条件を付けること自体，イラク政府を挑発し，戦争の口実を作ろうとするためだったのではないかと疑われます。

　ところが，2002年11月13日，フセインは「ひどい内容であるが」と断った上で国連決議を受け入れました。イラクはむしろ平和的解決を望んだのです。これに対し，米国は，イラクが国連安保理決議1441に違反しているから攻撃を加えると言うようになりました。

　2002年12月7日，イラクが大量破壊兵器について大量の「申告書」を提出しているにも関わらず，パウエル国務長官は，イラクが「重大な違反」を継続していると主張しました。ブッシュ大統領は，2003年1月28日の一般教書演説で，「イラクの独裁者は武装を解除していない。それどころか我々を欺

国連安保理決議1441

　国連憲章第7章に基づき，2002年11月8日に全会一致で採択された決議です。その内容は，

　① イラクは，大量破壊兵器の廃棄等を定めた決議687を含む関連安保理決議に違反している，

　② イラク政府はイラク問題に関する国連監視検証査察委員会（UNMOVIC）と国際原子力機関（IAEA）および安保理に対して，30日以内に，化学，生物および核兵器，弾道ミサイルおよび他の運搬手段の開発計画に関するすべての面における完全な申告を提出すること，

　③ イラクは，UNMOVICとIAEAに即時，無条件，無制限の査察をさせなければいけない，

　などイラク政府にとって屈辱的なものでしたが，一方で，

　④ この問題に引き続き取り組むことを決定する，

　と規定しています。そこで，安保理決議1441は，即時の武力行使を認めたものではないと解されています。

いている！」と非難し，イラクが核兵器開発のためにウランを入手しようとした，と述べました。

C　イラク解放

ブッシュ大統領はこの演説の中で，フセイン政権がイラク国民に対しどれだけ残虐な行為をしているかについても述べ，その打倒のためには武力行使も辞さないという姿勢を明らかにしました。この段階にいたって，イラク国民の解放が戦争の大義名分に加えられたのです。

D　攻撃理由の重点が変わったこと

2003年1月31日の米英首脳会談でも，ブッシュ大統領は，イラクは武装解除をしていないと決めつけ，米英単独でもイラクを攻撃できると宣言しました。

2月5日，パウエル国務長官は，安保理外相級会合で，衛星写真，録音テープ等，イラクが大量破壊兵器を保持している決議違反の「証拠」を開示しました。そして，その翌日，ブッシュ大統領は，この「証拠」に基づき，イラク攻撃を容認する新たな国連決議を要求しました。この「証拠」と称するものは，後に述べるとおり，実にいい加減なものでした。

それにも拘わらず，ブッシュ大統領は，2003年3月17日，テレビ演説で「イラクが引き続き危険な兵器を保持し隠しているのは疑いがない」と，イラクの国連安保理決議1441，678，687違反を指摘して，フセイン大統領と息子たちに48時間以内の亡命を要求し，これを拒否すれば攻撃を開始するとの最後通牒を発したのです。

この演説でブッシュ大統領は，イラクの脅威は明白だとし，米国は自国の安全保障のために武力を行使する主権を有する，と述べ，自衛権を主張しました。

さらに，ブッシュ大統領は「イラクの人々よ。暴君は間もなくいなくなる。あなた達の解放の日は近い。」と述べ，イラク解放を重要な理由としたのです。

このように，イラク攻撃の理由は，対テロ戦争からイラクの大量破壊兵器保持に，そしてイラクの民主化が付け加わり，その重点が少しずつ変わってきたのです。

なぜ，イラク攻撃理由の重点は少しずつ変わっていくのでしょう。それは，イラク攻撃が最初から既定の路線だからです。だから，イラクに大量破壊兵

第1章　イラク攻撃

器がないことがわかれば，攻撃「理由」の重点を変えてでも，イラク攻撃を実行しようとしたのです。こんな無茶な話があるでしょうか。

　以下では，イラク攻撃の理由付けが正しいものであるかについて，ひとつずつ考えていきたいと思います。

(2) イラクに査察協力を義務づけた国連安保理決議1441は理由となるか

A　決議1441は武力行使を認めていない

　米英は決議1441違反をイラク攻撃の理由としていますが，それはイラク攻撃の理由になるでしょうか？

　この決議はその最後に「この問題に引き続き取り組むことを決定する」となっており，武力行使の決定は行われていません。

　だからこそ，米英は武力行使を容認する新たな決議を求めたのです。

　そもそも，イラクの大量破壊兵器保有や査察に応じないこと自体は，武力攻撃を認める理由とはなりません。前述の国連憲章の武力行使禁止原則からすれば，具体的にイラクが他国を攻撃しなければイラクを武力で制裁することはおよそ認められないのです。

B　大量破壊兵器は有ったか

　しかも，イラクが大量破壊兵器を有していたとする証拠はなく，イラクの決議違反自体が存在しなかったのです。

(a)　査察団の調査報告

　2002年11月27日，イラクは，決議1441にもとづく査察を受け入れました。国際原子力機関（IAEA）のボット査察官やイラク問題に関する国連監視検証査察委員会（UNMOVIC）のペリコス査察官は，査察に対するイラクの協力を評価し，「イラクはこちらが見たいという物をすべて見せた」とその成果を強調しました。そして，2003年1月9日，査察団のブリクス委員長によって査察の中間報告が行われました。その報告は，イラクの提出した申告書は世界の疑念に答えるものではなく，なお時間が必要であるとするものでしたが，一方で，大量破壊兵器の決定的証拠はないというものでした。そして，1月27日に行われた報告でも，大量破壊兵器の決定的な証拠は見つからなかったという結論に変わりはありませんでした。

　しかも，イラクのアジス副大統領は，査察が延長されれば積極的に協力すると言明しました。

(b) 嘘の情報，裏付けのない証拠

イラクが核兵器開発のためにウランを入手しようとした，とブッシュ大統領は非難しましたが，ブッシュ大統領政権は当時既にこの情報の誤りを知っていたことが元米国大使により明らかにされています。

2月5日にパウエル国務長官が安保理に提出した「証拠」も内容のわからない通信傍受テープや裏付けのない偵察衛星の写真にすぎませんでした。

(c) 米国高官による暴露

2003年7月9日に行われた上院軍事委員会公聴会でラムズフェルド長官は「開戦前には，イラクの大量破壊兵器について新たな証拠は持っていなかった」と証言しました。2004年1月28日，米国上院軍事委員会の公聴会で，米国政府調査団ケイ前団長は，大量破壊兵器は無かったと明確に証言しています。2月5日，テネットCIA長官は，核兵器について「サダムの計画の進行を過大評価していたかもしれない」と述べ，また化学兵器についても「発見にいたって」おらず，生物兵器に至っては生産を開始したことすら「確認していない」と述べています。ブッシュ大統領自身，同じ日にサウスカロライナ州で行った演説において，「イラクにあると思っていた備蓄兵器はなお発見に至っていない」と述べているのです。

イラクには大量破壊兵器はありませんでした。

(3) 湾岸戦争時の安保理決議は理由となるか

米英政府は，たとえ決議1441が武力行使を容認していなくても，湾岸戦争に際しての武力行使を容認した国連安保理決議678（1990年），イラクの武装解除を湾岸戦争停戦の条件とした国連安保理決議687（1991年）によってイラク攻撃は正当化されると主張しています（2004年3月14日のホワイトハウス報道官アリ・フライシャーによる米国政府の公式な法的立場を明らかにした声明）。

A 決議678は理由になるか

たしかに，決議678は「その地域における国の平和と安全を回復するために，必要なあらゆる手段をとる権限を与える」と規定されてはいます。しかし，そもそも決議678はイラクのクウェート侵攻のもとで「クウェート政府に協力している加盟国に対して」権限を与えたものなので，クウェートの国境が回復した後は，前提となる状況が異なります。

第1章　イラク攻撃

決議687は理由になるか。

また，決議687により，イラクは核兵器，生物兵器，化学兵器などの大量破壊兵器の開発と保有を禁止されましたが，その違反があれば10年以上たった今日でも停戦が解除され湾岸戦争が再開されると考えるのは無理があります。この決議によれば，違反があっても安保理が追加措置を講じられるだけです。

それに，2003年にイラクは武器査察に応じ，大量破壊兵器は発見されなかったのですから，これらの決議をイラク攻撃の根拠とすることはどう考えてもできません。

(4) 国際社会はイラク攻撃を認めたか

国際社会は米英軍のイラクへの武力行使を認めていたでしょうか。

国連安保理決議678

1991年3月2日に採択された，イラクのクウェートからの撤退と，地域の平和と安全の回復のため，イラクに対する武力行使を認めた決議。

国連安保理決議687

1991年4月3日に採択された停戦決議で，その大まかな内容は下記のとおりでした。

① イラクは，あらゆる「化学生物兵器，生物・化学剤のすべての在庫や，あらゆる研究・開発・支援・製造施設を，国際的監視の下で破壊，除去，または無力化することを無条件に受け入れること。

② イラクは，核兵器または核兵器に使用できる材料や研究・開発・製造施設を入手または開発しないことに，無条件で同意すること。

③ イラクは，いかなる大量破壊兵器をも使用，開発，製造，または入手しないこと。

④ イラクは，大量破壊兵器計画の全容を明らかにすること。

⑤ イラクは，テロを実行または支援したり，テロ組織がイラク国内で活動することを許してはならないこと。

米国・英国ははっきりと武力行使を容認する決議を求めましたが，2003年2月15日には反戦運動の波が世界を覆い，世界400を超える都市で1000万人規模の反戦行動が起き，フランス・中国・ロシアの3常任理事国は査察継続を求めました。その結果，新たな国連安保理決議は採択されなかったのです。

　にもかかわらず，米国は飛行禁止区域での空爆を繰り返したため，3月10日，国連のアナン事務総長が「安保理の承認のない攻撃は国際法への侮辱であり，国連憲章に合致しない」という警告までしました。

　3月26日，安保理公開協議の場で，非同盟諸国やアラブ連盟諸国の代表はイラク攻撃を国際法違反と非難し，フランスのドヴィルパン外相のイラク攻撃に反対する演説は満場の拍手を受けました。

　米国は国連の承認をとりつけようと，途上国の理事国に対し，援助の約束や援助打ち切りの脅しをかけましたが，国際社会の意思は変わりませんでした。

　アナン国連事務総長も「平和的解決は可能だった」と強く非難しています。

　国際社会は，一貫して米英のイラク攻撃に反対してきました。米英のイラク攻撃は国際社会の世論に背を向けるものだったのです。

(5) 対テロ戦争はイラク攻撃の目的となるか

A 「対テロ戦争」という正当化

　米国は，イラク攻撃について，9・11事件のようなテロ攻撃から米国と世界の安全を守るための対テロ戦争だとも主張しています。

B 「対テロ戦争」は口実に過ぎない

　しかし，その前提となるイラクとアルカイダとが結びついているとの主張は当初から根拠が薄弱です。米国の高官だったオニールは，9・11事件以前から米国はイラク攻撃を計画しており，テロとの闘いというのが口実に過ぎなかったことを暴露しています。

　また，9・11独立調査委員会の結論も「アルカイダとイラクとの間に何らの協力関係もない」というものでした。

C イラク攻撃はブッシュ政権の既定路線だった

　1996年6月新保守主義の頭脳集団「PNAC（米国新世紀プロジェクト）」が共和党内に設立され，現在のラムズフェルド国防長官，チェイニー副大統

領，ウォルフォウィッツ国防次官らが設立趣意書賛同人になりました。そして，既に1997年1月，PNACはクリントン政権にイラク攻撃とフセイン政権打倒を勧告していたのです。

　2001年1月20日，ブッシュ大統領が大統領に就任し，その政権内にPNACのメンバーが多く入ると，直ちにイラク軍事攻撃の検討が開始されたのです。米国のイラク攻撃は，9・11事件の有無にかかわらず既定路線だったといえます。

D　戦争によりテロをなくすことは不可能

　それに，戦争でテロはなくすことはできません。

　テロとは何かという定義も定まっていませんが，中東ではイラク戦争によってますます反米感情が高まり，イラクでも市民を巻き込む「自爆テロ」と呼ばれる行為が頻発し，2004年6月19日にも，サウジアラビアでアルカイダが米国人を拉致して公開処刑するなどの事件が起きています。

　なお，イラク民主化がイラク攻撃を正当化する理由となるかについては，第2章「イラク占領」で詳しく述べます。

(6) 先制攻撃は「自衛」として認められるか

A　先制攻撃による自衛という米国の論理

　米国は自国がテロリストに攻撃される前に攻撃すると言います。「国防のためには予防行動と，時によっては先制攻撃が必要である。あらゆる種類の脅威から，あらゆる場所において，あらゆる時に米国を防衛するのは不可能である。敵に対する戦争こそが唯一の防衛手段である。よき攻撃こそが最良の防衛なのである。」という論理です（「国防報告」2002年8月15日）。

　2002年9月の国家安全保障戦略では「脅威が我々の国境に到達する前に特定し破壊する。米国は，国際社会の支持を得るために努力を継続する一方，必要であれば，単独行動をためらわず，先制攻撃を行う形で自衛権を行使する。」と明言されました。

B　先制攻撃は「自衛」ではない

　しかし，そもそも先制攻撃は「自衛」とは認められません。

　もし，先制的自衛を認めれば，結局本件のように嘘の理由で恣意的に他国を攻撃することを許すことになってしまい，世界の平和の秩序が崩壊してしまうからです。実際，イラク攻撃後早くもインドの高官がパキスタンに対す

る軍事行動も正当だと述べ，米国はシリア，イランにも脅しをかけています。

国連憲章は武力行使を原則として禁止しています。例外的に武力行使が認められるのは，安保理決議に基づく強制措置の場合（42条）と，自衛権行使の場合（51条）に限られます。

国連憲章51条は，武力行使禁止原則の例外なので，限定して解釈されねばならず，先制的自衛権は認められません。

とすれば，イラクは未だ米国を攻撃していないのですから，イラク攻撃は「自衛権行使」とは認められず，国連憲章に違反します。

「先制的自衛権」を認めた過去の例もありますが，それも「差し迫った危険がある」場合に認められるとするものです。ブッシュ・ドクトリンでは「我々は，差し迫った危険の概念を改めなければならない」と述べているので，ブッシュ大統領自身，米国のイラク攻撃は過去の例に当てはまらない「新しい自衛権」だと認めていると言えます。

アナン国連事務総長は，2003年9月23日，国連総会で，この米国の「新しい自衛権」について演説し「この論理は，世界の平和と安定を，完全とは言えないまでも58年間保ってきた国連憲章の原則に対する根本的な挑戦だ。これが先例となり，大義名分の有無に係わらず，単独行動主義と法を逸脱した武力行使の拡散を招くことを懸念する。」と厳しく批判しています。

3　米国のイラク攻撃の真の目的はなにか

米国はさまざまな理由をつけてイラクを攻撃しました。しかし，私たちは，米国の「本音」（つまり，イラク攻撃の真の目的）は別のところにあると考えています。

(1) 石油の利権

米国は現在も世界の石油消費量の25％以上を占める最大の石油消費国であり，米国にとって石油はエネルギー源であるとともに重要な工業原料です。

米国は50年代から，中東の油井の管理に「同盟国，欧州と日本に関する拒否権行使力」という役割を割り当て「これを手放さないことが極めて重要」だと言いました（ジョージ・ケナン）。1992年，米国国務省は，中東の石油を「とてつもない戦略的資源，世界史上最大の物理的報酬」と位置づけました。

今回の戦争でも，米英軍がまず攻略したのは南部の油田地帯に近いバスラです。北部の油田があるキルクークに対して同盟軍のクルド人が侵攻しようとすると，米国は誤爆と称してこれを攻撃しました。

　ブッシュ政権は石油産業との関連が深く，2001年の大統領就任，石油コンツェルンの寄付に依存した選挙戦を展開した結果でした。また，石油やエネルギー産業に関わる要人がブッシュ大統領政権の中枢部に名前を連ねています。

　ブッシュ政権は「買いやすい石油」という経済戦略を打ち出し，石油確保を重視しています。また，米国に化石エネルギーの消費削減を義務づけた京都議定書から脱退をしました。

　このようなブッシュ大統領政権の性質からしても，石油利権の確保・保持がイラク戦争の真の目的の一つだったと言えます。

(2) パレスチナとイスラエル

　米国は，イスラエルを米国の中東戦略の足場と位置づけ，イスラエル建国以来，経済・軍事両面の支援を行ってきました。そこで，イスラエルと紛争関係にあるパレスチナを米国の影響下に組み入れ，イスラエルを支援することも，イラク攻撃の目的と考えられます。

　実際，ブッシュ大統領自身，こう語っています。「イラクでの民主化の成功は，中東和平の新たな段階の始まりであり，パレスチナの真の民主化も進めるだろう。……パレスチナは，テロ行為を永遠に放棄する平和な地になるに違いない。一方，イスラエルの新政権は，テロの脅威が改善されて安定化し，実現可能なパレスチナ国家樹立を支援し，できる限り早期にパレスチナの最終合意へと働きかけるだろう。……イラク現政権の終結は，こうした機会を創り出すことだろう。」(2003年3月26日の演説)。

　これは，イラク民衆を無視したあまりに身勝手な論理です。

(3) 米国の軍事世界戦略

　1991年のソ連崩壊後，米国は国際社会において「一極」「一超大国」という位置を占めることとなりました。しかし，その一方でレーガン政権時代の大軍拡路線によって米国自身の経済も破綻し未曾有の経済危機に直面していました。この中でクリントン政権は経済再建を最優先課題とし，軍縮と軍事力の効率化を進めつつ，金融資本，ハイテク資本を重視し，米国系企業の海

外進出拡大，国際金融機関の安定化——グローバリゼーションを進めました。

これに対し，軍産複合体は生き残りを図るべく買収・合併を推し進め，急速な寡占化・独占化が進みました。

この軍産複合体に関わって軍縮の動きに危機感を抱く者が1997年に前述のPNACを立ち上げて軍拡推進を主張し，ブッシュ大統領当選後は政権に数多く加わりました。

そして，ブッシュ政権は，ミサイル防衛（MD）を柱とする大軍拡を打ち出し，ラムズフェルド国防長官は，ソ連という特定の脅威の存在を前提にして維持されてきた米国の強大な軍事力を，ソ連なきあとの世界でも維持し，さらに発展させる戦略を発表しました。その矢先，9・11事件が勃発し，ブッシュ政権は，この事件を「千載一遇のチャンス」ととらえました。9・11事件を口実に，世界のどこでも，いつでも「対テロ戦争」が遂行できるように機動力・即応力を備えた軍の編成と，グローバルな遠距離投射能力をもつ介入型兵器の開発をうたいました。そのもとで，2001年10月7日にアフガニスタン戦争を開始し，テロリストを駆逐するという名目でフィリピン，コロンビアに軍事介入し，インドネシア軍部とは再度の提携強化を進め，世界中で対テロ戦争を展開し，2003年3月にはイラク攻撃に踏み切ったのです。

その中で，MD推進は信任され，通常兵器のハイテク化は進み，核態勢見直しにより「使用可能核兵器」の開発が現実の課題となりました。

結局，「対テロ戦争」は，エネルギー産業などのグローバル資本の利益を擁護し，その活動領域を広げるため，軍産複合体の利益を拡大するために遂行された戦争であり，米国の「一極支配」を固める軍事体制を築くための戦争でした。

軍産複合体

米軍と軍需産業が人的にも経済的にも密接に結びついたもの。寡頭化した軍産複合体は「ビッグ・ファイヴ」と呼ばれています。ロッキード・マーティン，ノースロップ・グラマン，ボーイング，レイセオン，ゼネラル・ダイナミクスの各社です。

第1章　イラク攻撃

6 ブッシュ大統領，ブレア首相の罪

このように，ブッシュ大統領とブレア首相のイラク攻撃は全く正当化できません。

他国の主権を理由なく踏みにじった者は，国際法上「侵略の罪」に問われます。侵略の罪とは，他国の主権と他国人民の人権，自決権を侵害する罪です。

侵略の罪について，イラク戦犯民衆法廷では，1974年12月14日に国連総会が採択した決議3314「侵略の定義」と，侵略認定への安保理の関与に関するローマ会議での議論を踏まえ，

「他国に対して自国の政治的，軍事的行動を指示する権限ある者または指揮を実行する立場にある者による，国家主権，領土権，国家の政治的独立または他国人民の不可侵の人権に対する脅威または侵犯を目的とし，国連憲章に違反する武力行使により，他国人民から人民自決，自由及び独立の権利を剥奪すること」（規程2条）と厳格に定義されています。

ブッシュ大統領は，米軍の最高司令官であり，ブレア首相も英国軍の指揮権者です。米英軍は，イラクのフセイン政権打倒，占領，国家改造，石油などの利権確保，さらには戦争・破壊そのものを目的とし，国連憲章に反する先制的自衛権の名の下，安保理の承認もなくイラクを攻撃してイラク人民を殺戮しました。したがって，ブッシュ大統領，ブレア首相によるイラク攻撃は侵略の罪にあたります（規程2条，ICC 5条）。

ブッシュ政権の人脈

ブッシュ政権は，石油産業，軍産複合体と直接結びついています。

コンドリーザ・ライス国家安全保障担当補佐官は巨大石油会社シェブロンの社外重役であり，チェイニー副大統領はパイプライン建設会社ハリバートンの会長，エヴァンス商務長官は石油企業トム・ブラウンの社長を歴任し，ブッシュ大統領自身，石油関連企業アルブスト・エネルギーの創設者です。

また，軍産複合体との関係では，チェイニー副大統領はTRW，その妻リンはロッキード・マーティンの重役です。

第2　民間人被害

　2003年3月20日の空爆開始以降同年5月1日の戦闘終結宣言までの間，米英軍はイラク各地へ集中して連日のように空爆を繰り返し，民間施設，住宅，文化財を破壊し，夥しい数の非戦闘員＝一般住民を殺戮し，傷つけ，生活を破壊しました。イラク一般住民の犠牲者は，開戦からわずか2週間で，報道機関が認識したものだけでも650人以上にも達し，約3週間後の4月7日には，英国のNGO「ボディ・カウント」は1000人を超えたと発表しました。実際にはこの数字をはるかに超える犠牲が連日積み上げられていったことは疑いなく，残虐性，非人道性をむき出しにした米英軍の攻撃の犯罪性はいよいよ明らかです。

1　無差別爆撃による民間人殺戮
(1)「衝撃と恐怖」作戦

　米英軍は，3月20日イラクへの空爆を開始しました。同月21日には，爆撃音と破壊力を見せつけて心理的に戦力を萎えさせることを目的にしたと説明される「衝撃と恐怖」作戦を開始し，大量の巡航ミサイルを使用してイラク全土を爆撃し，多数のイラク民間人を殺傷し民間施設を破壊しました。

　3月21日深夜の爆撃の空母とされた「トルーマン」の従軍取材によると，同艦は乗員5500人，全長334mで最高時速は55km／時超。「衝撃と恐怖」作戦では，地中海上のこの規模の原子力空母2隻と，ペルシャ湾の第5艦隊から，夥しい数の戦闘機が出撃して行きました。

(2) 米英軍の攻撃による民間人の犠牲，民間施設の破壊

　米英軍は，「衝撃と恐怖」作戦による攻撃でたくさんの死者を出し，民間施設を破壊したことを認識しながら，開戦以後，毎日「誤爆」と称して民間人・民間施設攻撃を続けました。すなわち，この作戦は，明らかに民間人に対して，民間人殺戮，民間施設破壊という悲劇を生み出しながら，「衝撃と恐怖」を与え続けたのです。

　現在，報告されている民間人殺戮の一部を紹介します。

　①　3月22日，米英軍地上部隊が南部バスラの攻略を開始し，子どもを含む50人を殺害しました。バッサムの自宅も爆撃され，慌てて家の中に逃げ込

第1章　イラク攻撃

み階段の下に隠れた家族5人にミサイルが命中し，5人全員が死亡しました。

② 3月23日，米軍が民間バスを爆撃，シリア人5人を殺害し，10人を負傷させました。この日，モハメッドの自宅が爆撃を受け，イラン戦争で18年間捕虜だったモハメッドを待ち続けた妻は心臓が体から飛び出し，赤ん坊も体をずたずたに切り裂かれて殺されました。モハメッドは言います。「妻は私のすべてだった。みんなから愛されていた。どんな補償金をもらっても，妻は帰ってこない。」

③ 3月25日朝，ナーシリヤに住む医療技師ダハムは，自宅周囲に多くの爆弾が落とされたので避難するために家族を車に乗せて実家に向けて脱出しましたが，検問所で4台の米軍戦車に阻まれ，車を止めた途端5，6人の米軍兵士から突然銃撃を受けて車が炎上し，乗っていた3人の子どもは射殺され，もう1人の子どもも後に死亡しました。残った家族全員も重傷を負いました。ダハム自身も，片足を切断し，人工肛門をとりつけ一日中ベッドから動けないでいます。ダハム家族が乗っていた自動車は白色，家族も赤や黄色の服装をし，一目で民間人とわかるものでした。米軍が民間人であることを認識しながら，敢えて銃撃してダハム家族を死傷させたことは間違いありません。

④ 3月26日，クウェート国境から侵入した米英軍は，首都侵攻を目前にナジャフで激しい戦闘を繰り広げました。メヒディ（61歳）は，米英軍の爆弾を被弾して左足を失い，車椅子生活となりました。この地域で26人が犠牲になりました。

⑤ 3月28日，米軍が，人の混み合うバグダッドのナセル市場を爆撃しました。これにより，子どもを含む多数の一般市民が負傷し，3日目までに66人の一般市民が死亡しました。米国は，この爆弾についてイラク軍の対空ミサイルだと宣伝しましたが，爆弾の破片から米国の工場で生産され，米軍爆撃機から落とされたものであることが英国人ジャーナリストによって明らかにされました。負傷した子どもが横たわる病院のベッドの傍らで，子どもの両親は「こんな目に遭わせた米国を絶対に許さない。」と，声を震わせて語りました。3日目に死亡した男性（39歳）の担架を，悲嘆に暮れる遺族が取り囲みました。

⑥ 3月30日，米英軍がモスル郊外にあるキリスト教徒の街を爆撃しまし

イラク戦争・占領の実像を読む

た。妊娠8ヶ月だったマジドリーンは，最初のミサイル攻撃で両親を殺され，2歳の娘バレンティア・ベイシャーと義理の兄弟，夫の母親を殺されました。彼女自身も顔面に硝子の破片を受けて失明し，顔の皮膚はケロイド状に醜く歪みました。お腹の子どもも死にました。マジドリーンは語ります。「私たちに何の罪があるのでしょうか？　私は結婚して幸せに暮らしていました。しかし，その幸せは私の目の前から消えてしまいました。」

⑦　3月31日，イラク南部のナシリヤに住むカリール（44歳）は，いとこや兄弟の家族とともに避難しようと貨物トラックで街の出口にさしかかったとき，米軍の攻撃ヘリからミサイル攻撃を受けました。最初の攻撃で，助手席に乗っていた女性たちが殺され，車が止まって荷台から下りてきた子どもたちを地上にいた兵士に撃ち殺されました。6人の子どもを含む14人が殺され，3人が重傷を負いました。近くにイラク兵の姿はありませんでした。

「衝撃と恐怖」作戦が行き詰まるにつれて，米軍によるこのような検問所における無差別殺戮は，さらに増加しました。

⑧　4月1日，早朝の6時30分頃，バスラ教育病院の顧問外科医をしているアクロマード・ハセンの自宅近くで英軍が発射した6発のロケット弾による攻撃があり，息子2人と娘2人，母，弟，姉，妹，2人の子どもの親族10人が殺されました。近所でも4軒の住宅が破壊され，9人の民間人が死にました。攻撃された一帯は一般の住宅街であり，軍事施設は何もありません。英軍は，重要人物がいたからと説明しましたが，爆撃の後英軍がその「重要人物」の死体を探しに来ることはなく，説明が嘘であることは明らかでした。また彼が勤めている教育病院は550人の負傷者を受け入れましたが，全て民間人でした。アクロマード・ハセンは言います。「この攻撃は，人々に恐怖を与えるために行われたのだ。一般の人を攻撃して犠牲者を出すことで，街を恐怖で覆うためです。」

⑨　4月5日，早朝5時半頃，アベド・ハサン（72歳）は自宅を爆撃されて破壊され，瓦礫に埋もれた孫を殺されました。アベド・ハサンは，「トニー・ブレア首相やジョージ・ブッシュ大統領が，民間人に被害を与えないと，繰り返し明言していましたが，こんなものは全て嘘っぱちでした。」と怒ります。

第1章　イラク攻撃

(3)「ピンポイント爆撃」の嘘

① 米英軍は3月21日,「衝撃と恐怖」作戦を開始し,1000回以上の戦闘機・戦闘爆撃出撃を通じて,バグダッド北部の都市モスル及びキルクーク西部のアクシャトなどイラク全域の1500カ所を攻撃しました。この日だけで1000発以上の巡航ミサイルと約1500発の精密誘導弾を投下したと言われています。イラクのサハフ情報省は「米国の無差別爆撃で女性や子供など207人の民間人が負傷した」と発表しました。3月31日には,米統合参謀本部の作戦副部長自身が,開戦以降2週間足らずの間にすでに「湾岸戦争」を上回る数の巡航ミサイルと精密誘導弾を,米英軍がイラクに投下したと発表しました。

② 「トマホーク巡航ミサイル」は,地形図を記憶し全地球測位システム(GPS)で位置を測定し,頭部のカメラで目標近辺の映像と比較対照して目標に突入します。命中誤差は「10m以内」とされています。しかし,これは半数のミサイルが目標から半径10m以内に落ちるということを意味し,残りの半数は目標を外れるということです。ときには20m～30m以上も目標を逸れるので,市街地においては民間人・民間施設に甚大な被害を与えることになるのです。実際,電話通信センターを狙ったミサイルは,わずかに逸れて100m先の民家を直撃し,民家を木っ端微塵に破壊しました。また,バース党シャトラ支部を狙ったミサイルが,150m離れたサアドの自宅を直撃し,居間にいた親族5人が死亡,18人が負傷し,そのうちサアドの息子は脚を切断するという重傷を負いました。

③ また,爆撃による破壊力そのものが強力で,通常500ポンド（225kg）クラスの爆弾でも,半径約300mの範囲で人や建造物に危害を及ぼすと言われていますが,現在米英軍が使用している海上発射型のトマホークTLMA／Cは重量にしてその倍の1000ポンド（450kg）の弾頭を積載しています。トマホーク巡航ミサイルや精密誘導弾による目標限定が正確であっても,その正確性には限界があり,また爆撃そのものの破壊力により,目標近辺の民家など非軍事施設もまた破壊を受けることを避けようがありません。

④ したがって,イラク市民からみれば,「ピンポイント爆撃」は無差別爆撃と何ら変わりがないのです。

(4) 米英軍の民間人殺傷の故意

① 米英軍は，こうした民間人犠牲につき事前に熟知していました。

「衝撃と恐怖」作戦における攻撃及びその後の攻撃は，イラクの軍事施設や政府関連施設のみならず，イラクの民間人，民間人施設を標的とし，壊滅する意図を持ったものであることは明らかです。

イラク戦争開始直後に行った「衝撃と恐怖」作戦では，強大な破壊力を見せつけるために，バグダッド他イラク各地に無数の爆弾を投下して敢えて多数の民間人を殺傷しました。その後も日々民間人の犠牲が増加し，住宅など民間施設が破壊されていることは日々報道されており，米英軍はこれを知りながら，トマホーク巡航ミサイルや精密誘導爆弾，通常の爆弾等による攻撃を継続しました。

② そして，医療技師ダハムの家族の例やカリールの家族の例にも明らかなとおり，自動車の色や服装，たくさんの子どもたちなど一目で民間人とわかるものを米英軍ははっきりと認識しながら，敢えて攻撃ヘリから狙撃し，地上に降りた子どもたちを狙撃し，殺傷したのです。近くにイラク兵の姿はなく，どのように説明しようとももはや「誤爆」と言い逃れできない，「動くものは何でも撃つ」殺人集団の確信的な民間人殺戮であることが明らかなのです。

③ 以上の点から，米英軍の攻撃は意図的な無差別爆撃であり，民間人殺害，民間施設攻撃につき確定的故意，少なくとも未必的故意が存在することは明らかです。

(5) 罪

以上より，米英軍のこれら民間人の殺傷は，「故意による殺害」（規程5条1a，ICC8条2項ai）「身体または健康に故意によって深刻な苦痛を引き起こし，または重大な傷害を与えること」（規程5条1c，ICC8条2項aiii），「民間人攻撃」（規程5条2a，ICC8条2項bi），「民間施設攻撃」（規程5条1d，同条2b，ICC8条2項aiv，同条2項bii）に該当し，戦争犯罪にあたります。

2 特殊兵器～主にクラスター爆弾による民間人攻撃

(1) クラスター爆弾の非人道性

米英軍は，イラク戦争において強力な殺傷能力を持つクラスター爆弾を無

数に投下しました。

　クラスター爆弾は，全長2メートルほどの親爆弾が空中で開き，中から数百個の子爆弾がサッカー場2つ分くらいの広さにばらまかれ，この子爆弾が地上で爆発すると，中に詰められた数百個の鋼球が周囲の人間を殺傷するようになっています。クラスター爆弾にはさまざまな大きさや種類がありますが，イラクの病院では，多数の釘状のものが体内から摘出されたという医者の証言があります。また3ミリほどの鋼球がプラスチック状のシートに何百と組み込まれ，筒の外側にそれが巻かれて，中の火薬が爆発すると鋼球が猛烈なスピードで周囲に発射されるものも使われました。このくらい小さな鋼球でもコンクリートに穴を開ける威力を持っています。被害を受けると治療が不可能で，患部を切断するほかないと言われています。15メートル内の近辺にある軽装甲車やトラックを破壊してしまうほどの威力がある無差別大量殺戮兵器なのです。

　さらに，クラスター爆弾は不発率が非常に高く，米軍によれば5パーセント，地雷処理専門家によれば22パーセントの不発率と言われています。このイラク攻撃では1500発のクラスター爆弾が使われたと言われていますが，単純計算でも不発の子爆弾は数万発にもなります。

　特にこの爆弾は柔らかい農耕地に落下すると衝撃が弱く爆発しないで開いた傘が小枝にひっかかり不発となるものも多いため，農耕作業のために足を耕地に踏み入れた人や薪を集めるために林に入った人が犠牲者となります。したがってクラスター爆弾の不発弾は対人地雷と化し，長年にわたって住民を危険にさらすことになるのです。「地雷化」したクラスター爆弾は，多くが処理されておらず，現在でも不発弾で犠牲になる人が後を絶ちません。

(2) クラスター爆弾による民間人攻撃，被害

　このような非人道的なクラスター爆弾によって，イラクの人々はむごたらしい被害を受けました。

　3月22日，バシム・シュラド少年は，部屋にいたところをクラスター爆弾に被弾し，後頭部，背中，臀部に深刻な損傷を受け，全身が麻痺して1日中裸で部屋に横たわっています。

　バグダッドのファティマの家族は，4月3日の爆撃により，2人の子どもと夫をクラスター爆弾で失いました。命が助かった男の子も，全身にクラス

ター爆弾の傷が残りました。

　そして，4月2日付アムネスティ報告は，アルヒッラの民間人居住区域爆撃で多くの子どもを含む少なくとも33人が死亡し，300人余りが負傷したと伝えました。この爆撃で使用されたクラスター爆弾は，BLU97A／Bという型のもので，各円筒に缶ジュース大の小さな子爆弾（BLU97）が202個入っています。つまり1発の使用で少なくとも10発ずつの対人地雷が残ることになります。

　同報告は，4月25日にマイヤーズ米統合参謀本部議長がイラク攻撃で1500発のクラスター爆弾を使用したことを明らかにしたことを受け，クラスター爆弾の「不発」小型爆弾によって，民間人をはじめ，それに接触する可能性のある人々に危険を及ぼし続け，事実上の対人地雷と化すことに強い懸念を示しています。

　クラスター爆弾攻撃は軍事施設を狙った限定的なものではありえず，その使用は広範囲で大量の民間人を殺傷する効果をもたらすことは明白です。クラスター爆弾は明らかにジュネーブ条約によって禁止される無差別兵器ですし，1999年発効の「対人地雷の使用，貯蔵，生産及び移転の禁止と廃棄に関する条約」（オタワ条約）にも反します。また，国際赤十字は2000年9月，クラスター爆弾の国際的な禁止を要求しており，アムネスティはクラスター爆弾によるイラク民間人死傷に強い懸念を示し，直ちに使用を中止すべきだとしています。

（3）罪

　ところが米英軍は，無差別攻撃兵器であるクラスター爆弾の性質を熟知しつつこれを積極的に使用しているものであり，民間人殺傷，民間施設破壊の意図は明白です。また広範な民間人被害，そして不発弾被害が発生することは十分認識していたものです。

　したがって広範かつ無差別に民間人を殺傷する能力を有するクラスター爆弾を使用し，人を現実に殺傷し，民間施設を破壊した米英軍の行為は，明らかに「故意による殺害」（規程5条1a，ICC8条2項ⅰ），「身体または健康に故意によって深刻な苦痛を引き起こし，または重大な傷害を与えること」（規程5条1c，ICC8条2項aⅲ），「民間人攻撃」（規程5条2a，ICC8条2項bⅰ），「民間施設攻撃」（規程5条1d，同条2b，ICC8条2項aⅳ，同条2項

bⅱ），「無差別兵器の使用」（規程5条2p，ICC8条2項bⅲxx）に該当し，戦争犯罪となります。

(4) その他の特殊兵器～デイジー・カッター爆弾の使用

米英軍は，イラク戦争において特殊大型爆弾「BLU―82」（通称デイジー・カッター）を投下しました。

ロイター通信のマグワイヤ記者が，4月2日，バグダッド南東部170キロのクトで，大きな爆発音に続いて数百メートルに達するきのこ雲が立ち上がるのを目撃しました。米海兵隊員たちは，アフガニスタンでも使用されたデイジー・カッターBLU82（重量6750キロ）だと指摘しています。

デイジー・カッターは，直径1.56メートル，長さ5.37メートル，重量は通常爆弾としては世界最大の1万5千ポンド（約6800キログラム）にもなります。激しい燃焼で酸素が奪われるため，爆発投下点から半径約500メートルにいる人間は直撃を受けなくとも高温の熱と衝撃波，酸素欠乏により死亡します。地雷を爆発させ，木々をなぎ倒します。半径500メートル以内の者を皆殺しにするデイジー・カッターは，核兵器に次ぐ大量殺戮兵器であり，民間人と否とを問わず，広範な地域に存在するすべての者を殺戮する点で明らかに無差別兵器にほかなりません。

デイジー・カッターがひとたび使用されれば，半径500メートル以内の者は戦闘員と民間人の区別なく，みな残虐に殺戮されます。

デイジーカッターの使用は，明らかに「無差別兵器の使用」（規程5条2p，ICC8条2項bxx）に該当し，戦争犯罪にあたることが明らかです。

3　上官および共犯者の責任

ブッシュ大統領およびブレア首相は，各軍部に対し，最高指導者として実効的な支配を有しており，上記攻撃初期から民間人が同攻撃の犠牲になり，民間施設が破壊されることを十分認識していました。

また，クラスター爆弾等の非人道的兵器が未だ実験的で民間人や民間施設への影響が大きいことを考慮すると，その使用につき，ブッシュ大統領の許可がなかったとは考えられません。つまり，大統領は，空爆の具体的作戦計画に関与し，どの地域にどの種類の非人道的兵器が使用されるかにつき認識していました。

したがって，ブッシュ大統領およびブレア首相は，戦争犯罪を指示・命令し，または少なくとも戦争犯罪が行われることについて知っていたし当然知るべきであったのに，これを避けるための必要かつ十分な措置を取らず，または戦争犯罪を現に行った者を処罰することを怠ったものですから，上官として上記各戦争犯罪の責任を負わなければなりません（規程7条4項，ICC28条(a)）。

第3　劣化ウラン兵器による被害

1　米軍の劣化ウラン兵器使用の事実

2003年3月20日に始まるイラク攻撃で米英軍は劣化ウラン兵器を使用しました（Depleted Uranium: Middle East 2003:Ministry of Defence）。

米軍の劣化ウラン兵器使用の事実は，3月26日の記者会見にてブルックス准将が「劣化ウラン弾を使用した」と自ら認めたことで明らかです（朝日新聞2003年3月28日）。また別の日に「A10攻撃機から（劣化ウラン砲弾）30mmバルカン砲を射撃した」旨のコメント（"Remains of toxic bullets litter Iraq": Scott Peterson, Christian Science Monitor　2003年5月15日）がありました。

米軍はこれ以上具体的な劣化ウラン兵器の使用を公表しませんが，世界の良心の努力によって，この戦争で劣化ウラン兵器が多数使用された証拠が次々と明らかにされました。

まず，慶応大学助教授・藤田祐幸さんは2003年5月にイラク各地を調査し，バグダッド市街地で多数の劣化ウラン弾を発見しました。また製氷工場のプールから採取された劣化ウラン酸化物の微粉末を確認しました（アフガニスタン国際戦犯民衆法廷・広島公聴会証言2003年6月）。

また，ある米軍将校が米国紙に「劣化ウラン弾を500トン使った」，「バンカーバスターGBU-28に劣化ウラン弾を装着して使用した」と証言しています（"US Colonel admits 500 tons of DU were used in Iraq": Jay Shaft（Coalition For Free Thought in Media　2003年5月5日）し，米兵エド・ペンネルはEメールで「3月29日にサマワで劣化ウラン弾を使った」旨の記述を米国内の家族に送りました（"Dutch Concerned About Depleted Uranium Ammo as Troops Deployunition": Risqnews 2003年8月10日）。

第1章　イラク攻撃

さらに，国防総省の保健衛生責任者・キルパトリックは米国紙に「米陸軍と空軍は127トンの劣化ウランをイラクの戦闘で使った」旨，語りました（"Depleted Morality": Frida Berrigan IN THESE TIMES 2004年5月18日）。
　スコット・ピーターセン氏は，バグダッドで，計画省ビルや破壊されたイラク軍戦車とその付近で，劣化ウラン弾と劣化ウランの酸化物と思われる粉末を発見し（"Remains of toxic bullets litter Iraq": Scott Peterson, Christian Science Monitor 2003年5月15日），オランダ国防相も，サマワで劣化ウラン弾を発見したことを認めました（毎日新聞2004年2月19日）。
　また，開戦前2003年3月15日に米国防総省の記者会見で，ノートン大佐が「Abrams戦車に劣化ウラン砲弾を装着している。これ以外の選択の余地はない。A10攻撃機もそうだ」と述べました（Department of Defense Briefing 2003年3月14日）。A10攻撃機はバグダッドでイラク計画省をはじめ民間施設を射撃したことがたびたび目撃され，先述したスコット・ピーターセン氏の調査報告は，この記者会見を裏付けます。またAbrams戦車は米軍の主力戦車であり，米軍は公表した事実以外にも，それをはるかに超える数量の劣化ウラン兵器をいたるところで，特にバグダッド，バスラなどの人口密集地で大量に使用した蓋然性が極めて高いのです。

2　劣化ウラン兵器が人体に与える恐るべき悪影響

A　湾岸戦争以後の身体被害

　少なくとも320トンの劣化ウラン兵器が投下された1991年の湾岸戦争の後，イラクでは，戦前には見られなかった病状が多発しました。ガン患者が1家族に何人も出現したり，1人の患者が数種類のガンを発症するなど，今もガン，白血病，遺伝子欠陥による先天性形成異常（奇形）などが急激に増加しています。特に胎児や抵抗力の弱い子どもたちが最大の犠牲者です。湾岸戦争の戦場に近い南部の都市バスラでは，被害は極めて深刻です。バスラ教育病院の医師によると，湾岸戦争前の1988年のガン発生率は10万人あたり11人でしたが，2001年には116人と10倍以上に増加。がんによる死亡者数も1988年の34人から，2001年は603人と17倍に増加しました（毎日新聞2002年12月17日）。
　モハメド・ホージーちゃん（5歳）は白血病と診断され，バスラ小児産婦

人科病院に入院中です。母親を1年前にやはり白血病で亡くしたばかり。担当のスリン・シルブ医師は「家族や兄弟が相次ぎ，ガンや白血病になるケースが目立ちます。湾岸戦争前には見られなかった現象です」と話します。付き添いの叔母アベドさん（32歳）は「なぜこんなに苦しまなければならないのか……」とため息をつきました（毎日新聞2001年1月27日）。

　バスラ小児産婦人科病院に入院するゼイン君（5）も，突然，腹部がはれ，白血病と診断されました。ゼイン君は日に日に元気がなくなり，はしゃぐこともできません。母セマールさん（25歳）は「米国は，戦争が何代にもわたって私たちを苦しめることを知って欲しい」と訴えています（毎日新聞2002年12月17日）。

　3年前に白血病と診断されたアッバース君（5歳）は，母ハムディさん（30歳）の横で静かに眠っていました。薬の影響で髪の毛が極端に薄く，ハムディさんは「苦しむ我が子を救ってやれないのがつらい」と話しました。この病院のジャセム医師（32歳）は「戦争の被害は一時のことではありません。その後，将来にわたって罪のない人たちを苦しめるのです」と語っています（毎日新聞2002年12月17日）。

　また，湾岸戦争に従軍した兵士の間でも，戦後イラクと同様の症状が多発し，「湾岸戦争症候群」とよばれています。全米湾岸戦争リソース・センターの1999年の調査では，湾岸戦争帰還兵のおよそ半数近くが何らかの健康被害を訴え，既に9600人以上が死亡。帰還兵の子どもたちの間でも先天的障害が多発しています（National Gulf War Resource Center [2001 gulf War Statistics]）。ミシシッピー州で退役軍人省が行った調査では，戦後に妊娠して生れた子のうち，67％が重度の疾患にかかったり，目・耳がなかったり，血液感染症や呼吸障害，あるいは指が融合しているような状態でした（Dietz, Leonard A. "DU Spread and Contamination of Gulf War Veterans and Others" in Catalinotto and Flounders (1999)）。

　そして昨年来，イラク駐留米軍の間で原因不明の疾患，奇病にかかる兵士が続出しています。最近の調査では医学的理由で退避させられた兵士が1万8000人にのぼり，劣化ウランが原因との指摘がされています（"Medical Evacuations in Iraq War hit 18000": Mark Benjamin　UPI　2004年3月31日）。米国務省は，「イラク軍による発ガン物質を使った化学兵器の使用が，ガンや

出生異常の原因である可能性が最も大きい」と主張しています。ところが化学兵器を使用していないバルカン半島でも，同じような症状が出ているのです。

　NATO軍は，1994年から1995年にかけて，ボスニア＝ヘルツェゴビナに約1万800発（2750kg），1999年にはユーゴスラビア連邦のコソボ自治州に約3万1000発（約10トン）の劣化ウラン兵器をばらまきました。紛争後，PKO部隊の要員や現地住民の間に，湾岸戦争帰還兵と同じ症状を訴える者が続出し，「バルカン症候群」とよばれています。

　ボスニアのヨバノビッチ保健センターによると，ハジチ村から脱出した村民約5000人のうち約400人が2001年1月までに主にガンで死亡。ハジチは旧ユーゴ軍の兵器工場があり，これを破壊するために劣化ウラン弾が大量に使用されたとみられます（共同通信2001年1月10日）。

　コソボ自治州コソブスカミトロビツァの病院関係者は2001年1月のコソボ空爆後，同病院に入院するガン患者数が200％増加し，昨年は160人に達したと指摘。患者の4割は劣化ウラン弾による空爆を受けた地域の出身者だとした上で，ガン患者がこれほど増加した原因は，劣化ウラン弾以外に考えられないと非難しました（時事通信社2001年1月12日）。

　以上に共通する極めて深刻な身体被害は，劣化ウラン兵器によって引き起こされた因果関係を明白にしています。

B　今回の戦争でサマワの米国帰還兵の症例

　米陸軍は，バグダットへの行軍の途上，サマワでイラク軍の激しい抵抗に遭遇し，町と道路からあらゆる抵抗部隊を一掃するのに1週間以上かかりました。この戦闘中に劣化ウラン兵器が使用されました。

　アサフ・ドラコビッチ博士は，カナダで「ウラニウム医療研究センター」（UMRC）を設立し，米，英，カナダの兵士と民間人の劣化ウランの汚染を検査し続けてきました。2004年4月に米国紙に報道された彼らの調査によれば，イラク戦争後にサマワに駐留し，慢性的な頭痛，吐き気，血尿，聴力や視力の部分的喪失などの体調不良で帰国した米兵9人中4人の尿から劣化ウランが検出されました（New York Daily News 2004年4月3日）。彼ら9人が所属する第442憲兵中隊は，護送やイラク警察の訓練などの任務についていただけであり，直接の戦闘には参加していません。彼らから劣化ウランが検

出された事実は，彼らが環境中のウランの粒子を吸い込んだことを示唆しています。この中隊のホアン・ベガ軍曹は「ある夜，10人から15人が摂氏39.4度を越える熱を出し，悪寒やその他様々な説明がつかない症状が起こった。中隊の160人の兵士のうち，十数人が突然腎臓結石を発症している」としています。彼はサマワを「地獄」と語っています。

またその後サマワに進駐したオランダ軍は，米軍がキャンプを設営していた駅周辺の放射能レベルが高かったため，その地域を外し，砂漠の真ん中にキャンプを設営しました。

3 劣化ウランによる環境汚染

A イラク各地で確認される異常な放射線レベル

CPAは占領下のイラクの放射能汚染を懸念する国連環境計画の立ち入り調査要求を拒否しました。しかし民間機関，科学者らの調査により，バグダッドなどの人口密集地を含む各地が放射性物質で高濃度に汚染されたことが次々に明らかにされました。

アサフ・ドラコビッチ博士らUMRCは，2003年にイラク各地の戦地調査を行い，土壌や破壊された戦車から通常より明らかに高い放射線レベルを測定しましたし，スコット・ピーターセン氏は，前述のバグダッド市内各地で劣化ウラン弾とその燃焼物を発見するとともに，射撃された建物，破壊された戦車やその周辺，また米軍が撤去した戦車付近の跡地から，最高で1000倍以上の異常に高い放射線レベルを測定しました（"Remains of toxic bullet litter Iraq": Scott Peterson Christian Science Monitor 2003年5月15日）。

豊田護さんも，サマワで高射砲の劣化ウラン弾によるキズから，自然界レベルの300倍の放射線を測定しています（イラク国際戦犯民衆法廷・大阪公聴会証言2004年2月）。

このように，このイラク戦争で米英軍は，湾岸戦争時に使用した量の数倍の劣化ウランをイラクにばらまいた可能性が際めて高いのです。

B イラクにばらまかれた劣化ウランは何をもたらすか？

NATOの空爆で劣化ウラン兵器が使われたバルカン半島で地下水と土壌の放射能汚染を調査，確認した国連環境計画は，同じように報告書「イラクの環境に関する机上検討」（2003年4月）で，イラクでも劣化ウランが飲み水

や水資源を汚染し、放射性の粒子をまき散らす恐れを警告しています。劣化ウランが生態系を深く汚染する可能性が現実になりつつあります。

C　計り知れないイラクの環境破壊

日米をはじめ多くの国が法律で定める公衆の放射線被曝限度は、年間1ミリシーベルトです。これに相当する劣化ウランの量は、法的には11.4ミリグラムです。劣化ウラン弾は戦車鋼板を打ち抜く際に発火し、その一部は吸引される可能性がある酸化ウランの微粉末になります。A10攻撃機が射撃した劣化ウラン30ミリ弾は280グラムの劣化ウランを含んでおり、この1発が微粉末となっただけで2万5000人分の年間被曝限度を超える放射能に当たります。米軍がイラクに投下した劣化ウラン量は、公表だけでも75トン以上と見積もられ、実際はそれをはるかに上まわる劣化ウランが大地と地下水に入り込み、放射能汚染がイラク全土を覆っていることが強く危惧されます。この汚染規模がどんな結果をもたらすのか。イラクの民衆と将来の世代が直面する計り知れない運命に、私たちは立ち会わねばなりません。

米国内法「10CRF20」は、劣化ウランの保管、移動、使用を厳密に管理し、環境に漏れ出ないよう最大の注意を払うよう定めています。自国内では厳密な放射性物質の管理を求める米政府が、他国民の上には不法投棄のように劣化ウランを何の制限もなく大量にばらまき、放射能によりイラク民族の運命を深刻な危機に落としいれることが、「民主主義国家」として法的にも道義的にも許されるでしょうか?

4　米国の劣化ウラン兵器の危険性の認識

米陸軍少佐であったダグ・ロッキー氏は、湾岸戦争に従軍した際に劣化ウランの危険性を痛感し、劣化ウラン兵器の取扱い教育のための資料やビデオを作成し、劣化ウラン弾の破裂地点や破壊物には近づかないこと、近づく際には防護服、防護マスクで劣化ウランの粉塵を吸い込まないように細心の注意を払うことなどを警告しました。しかし米軍はこれらの教育資料を、劣化ウランへの恐怖と警戒心、そして使用への疑問を軍隊内外に呼び起こすものと恐れ、使用、公表を拒否しました。

米国軍放射線生物学研究所は、ラットに対する劣化ウラン投与の実験結果を報告し、「劣化ウランがラットの腎臓と骨を中心に体内に残存すること、

母体を通じて胎児の体に蓄積すること，体重減少や神経認識上の問題を引き起こすこと，細胞変化を引き起こして発ガン作用をもたらすこと」を指摘しています（Fahey, Dan "Report on the international Conference on Low-level Radiation Injury and Medical Countermeasure"（1999年11月8日～10日））。さらには，「劣化ウランが，重金属としての発ガン性を持つだけでなく，放射能による発ガン性を引き起こすこと」も明らかにされています（Hahan FF. "Implanted depleted uranium fragments cause soft tissue sarcomas in the muscles of rats" Enviorn Health Perspect〔2002〕）。

　米軍はこのように，劣化ウラン兵器が人体にとって極めて危険であることを自ら研究し知りながら，あえて使用したのです。そしてこの危険性を隠蔽した上での劣化ウラン兵器使用は，「小型」核兵器使用という前例を国際社会に許容させるための戦略です。

5　劣化ウラン兵器の使用は明らかな「戦争犯罪」,「人道に対する罪」

　以上，劣化ウラン兵器の使用が国際人道法に反するものであることは明らかです。

A　人道に対する罪

　米国による劣化ウラン兵器使用はイラク全土で広範囲のウラニウム汚染によって人々を殺し，著しい苦痛に陥れ，遺伝子異常や環境の永続的破壊及び不可逆性によって将来の世代にわたり健康を著しく阻害し，蝕み，奪う攻撃であって，「武力紛争において民間人に対して広範な攻撃または系統的な攻撃の一環としておこなわれた」「非人道的な行為」（規程4条，ICC 7条）であり，ブッシュ大統領は上官として人道に対する罪の責任を負います（規程7条4項，ICC28条a）。

B　戦争犯罪

　またこれは，明らかに「自然環境に対する長期的重大な損害を付随的に含むことを知りながら，意図して攻撃を加えること」，「毒または毒性のある兵器を使用すること」，「過剰な傷害もしくは不必要な苦痛を生じさせる性質を帯び，……無差別的な性質を帯びた兵器を使用すること」（規程5条2a, d, n, p, ICC 8条2a, b）にあたり，許しがたい戦争犯罪であるといえ，ブッシュ大統領は上官として戦争犯罪の責任を負います（規程7条4項，ICC28

第1章　イラク攻撃

条a）。

　2003年7月，国連人権小委員会は，劣化ウラン兵器の人体・健康への悪影響と環境汚染に強い関心を示した上で，「劣化ウラン兵器の使用は国際法違反であり，不必要な苦痛と過大な傷害を与え，かつ環境への真の脅威となり，禁止されねばならない」，「（劣化ウラン兵器を含む）これらの兵器は，条約で明示的に禁止されているか否かに関わらず,禁止されるものと認識すべき」と結論づけました。またこの議論の中で，国際法違反の兵器を使用した国家に，その補償と汚染除去の義務があることが強調されました。

　私たちは確信をもって，ブッシュ大統領を上記の犯罪で起訴するとともに，直ちに犠牲者への補償と放射能汚染の除去を求めます。

第4　報道機関への攻撃

1　パレスチナホテルへの攻撃

　(1)　2003年4月8日現地時間11時55分ころ，バグダッド中心部のパレスチナホテルに米軍第3師団の戦車が砲撃を加え，同ホテルの15階及び17階が被弾しました。

　当時，パレスチナホテルには，従軍記者でない外国人ジャーナリストらが，イラク戦争を報道するために200人以上も滞在しており，そのことは米軍も承知している事実でした。

　この攻撃の直前，チグリス川を挟んで米軍とイラク軍との攻撃が続いていました。米軍は戦車で攻撃し，これに対してイラク軍は機関銃で応戦するのみで，ほとんど米軍の一方的な攻撃でした。米軍の戦車2両はチグリス河にかかる共和国橋を，パレスチナホテルやイラク計画省のある方向へ向けてじりじりと侵攻していきました。共和国橋は，パレスチナホテルからもっとも近い橋で，パレスチナホテルのベランダからは，たくさんの報道陣がカメラを向け，その攻撃の様子を記録していました。

　その中で，米軍の戦車は，カメラにその砲塔を向け，砲撃を加えたのです。

　パレスチナホテル15階，1504号室には，英国「ロイター・テレビ」の支局があり，「バリバリバリーン」との炸裂音とともに，砲弾は「ロイター・テレビ」支局内にいるスタッフたちのまっただ中で爆発しました。

　この攻撃によって，ウクライナ人カメラマンのタラス・プロチュック

（Taras Protsyuk）氏が瀕死の重傷を負い，間もなく亡くなりました。タラス氏は窓際で被弾し，腹部が割れてぱっくりと開き，中から内臓が飛び出してもうどうにもならない状態でした。そして，英国人スタッフのポール・パスケール（Paul Pasquale）氏は，顔や首にガラスの破片が突き刺さり，ひどい出血で左目は開けられない状態となっていました。その他にも，レバノン系パレスチナ人レポーターのサミア・ナコール（Samia Nakhoul）氏など，少なくとも3名のジャーナリストが負傷しました。

また，14階では，スペイン「テレシンコ」のカメラマン，ホセ・コーソ（Jose Couso）氏も，この砲撃により重傷を負いました。ホセ氏は，14階のベランダでこの攻撃の被害を受け，ベランダは血の海となりました。ホセ氏は，片足を切断しましたが，手術の1時間後に亡くなりました。

（2）この砲撃について，米中央軍のブルックス准将は，「米軍第3歩兵師団戦車が，パレスチナホテルを攻撃した。ホテルの1階から攻撃を受けたので，応戦した。ジャーナリストが巻き込まれたのは事故である。」と発表しました。

しかし，そのホテルの現場にいた記者達は，ホテルやその付近から，機関銃の音も対戦車砲の音もしなかったと述べています。また，砲撃の時点で，米軍戦車とパレスチナホテルの間の道路を車で通行中であったジャーナリスト，ロバート・フィスク（Robert Fisk）氏のクルーのカメラマンが撮影したビデオによれば，米軍による砲撃の前に，米軍が発表しているような攻撃はありませんでした。さらには，「ホテルの1階から攻撃を受けた」と言うにもかかわらず，なぜ，米軍による砲撃が15階及び17階という高層階になされたのかについても，全く疑問です。

米軍中央司令官は，「我々は，従軍取材というシステムをメディアに提供している」と発言し，また，米国防総省のクラーク報道官も，「報道機関は警告にもかかわらずバグダッドに入ってきました。あなた方はバグダッドにいるべきではありません」と述べました。米国は，軍が管理した従軍取材以外のジャーナリスト活動は認めない，攻撃の対象になっても仕方がない，と，パレスチナホテルにいるジャーナリスト達に攻撃を加えたのです。

第1章　イラク攻撃

2 アルジャジーラ，アブダビテレビへの攻撃

(1) また，同じ4月8日現地時間午前8時ころ，バグダッド市内のカタール衛星テレビ「アルジャジーラ」オフィスに米軍のミサイルが着弾し，当時，同オフィスの屋上で米軍とイラク軍の戦闘を取材していたヨルダン人記者タリク・アユブ（Tariq Ayoub）氏が死亡し，カメラマンのズヘア・イラキ（Zuheir Iraqi）氏が負傷しました。

このとき，アルジャジーラの2軒隣にあるアブダビテレビも被弾しました。

(2) 米軍は，アルジャジーラやアブダビテレビに対する攻撃についても，やはり，ジャーナリストをターゲットに攻撃することはないと説明しました。

しかし，亡くなったタリク氏の同僚であったマハー・アブドラ（Maher Abdullah）氏によれば，「戦闘機は非常に低空で飛行しており，階下にいたわれわれは屋上に着陸するのではないかと思ったほどだ。それほど近かった。」とのことであり，この攻撃が，低空飛行する戦闘機から至近距離で行われたものであり，決して誤爆などではあり得ません。

そして，アルジャジーラは，イラク戦争の開戦前後を通じて，その状況を最も自由に報道していました。徹底して空爆の被害を報じ，米英軍の捕虜や遺体も世界中に配信していました。米軍は，2001年のアフガニスタン攻撃の際にも，カブールのアルジャジーラのオフィスに攻撃を加えるなどしています。米軍は，アルジャジーラによる自由な報道を抹殺するために，アルジャジーラをねらって攻撃を加えたのです。

3 報道機関への攻撃について

武力紛争を取材するために現地に派遣されたジャーナリストは，とくに敵対行為の行われている地域に入って取材活動を行うため，紛争当事国からの行動の自由を必要とします。そして，軍事行動による被害をこうむる危険性も極めて高いと言えます。

そのため，ジャーナリストの保護に関しては，ジュネーヴ諸条約の第1追加議定書第79条が定められ，武力紛争地区において危険な職業的任務を遂行するジャーナリストは，その資格を証明する身分証明書を取得することができ，そして，その文民としての地位を侵す活動を行わない限り保護されるとされています。これにより，ジャーナリストの文民としての資格が確認され，

身分証明書の携帯により一定の保護が保障されるとともに，紛争当事国の軍事行動の直接対象とされてはならないとされています。

4 罪

　米軍が，多数の外国人ジャーナリストがイラク戦争の取材のために滞在していたことを知りながら，パレスチナホテルに対して砲撃を加え，また，アルジャジーラのバグダッド支局及びアブダビテレビに対して攻撃を行い，3名のジャーナリストを殺害し，少なくとも4名のジャーナリストを負傷させ，民間施設を破壊した行為は，明らかに「故意による殺害」（規程5条1a，ICC8条2項aⅰ），「故意の傷害」（規程5条1c，ICC8条2項aⅲ），「民間人攻撃」（規程5条2a，ICC8条2項bⅰ），「民間施設攻撃」（規程5条1d，同条2b，ICC8条2項aⅳ，同条2項bⅱ，同条2項bⅴ）に該当し，戦争犯罪となり，ブッシュ大統領は上官として戦争犯罪の責任を負います（規程7条4項，ICC28条a）。

● 第2章

イラク占領

　この章では，占領下において行われた米英軍の犯罪，米英軍によるイラク国民の生活破壊，資源の収奪，占領自体の犯罪性などを論じます。

第1　CPA，CJTF7を通じた米英軍によるイラク占領

1　米英軍によるイラク占領

　2003年4月9日，米軍がバグダッドを制圧し，米英軍はイラクの大部分をその支配下におき，同月14日，米海兵隊がティクリートを制圧したことによって，米英軍はイラク全土を制圧しました。

　同年5月1日，ブッシュ大統領は，主要な戦闘の終結を宣言しました。

　ここに「占領」とは，「事実上敵軍の権力内に帰したるとき」をいいますが（陸戦の法規慣例に関する条約42条），同年4月14日以降，（たとえフセイン元大統領の身柄は拘束されていなくても）上記のように，イラク全土は米英軍等が中心の権力内に帰していますので，同日以降，イラク全土は米英軍等による「占領」が開始されたことになります。

2　米英軍によるイラク統治

　戦闘終結宣言後もイラクを違法に侵略した米英軍がイラクを占領して居座り続けていました。

　すなわち，戦闘終結宣言後，ORHA（US Office of Reconstruction And Humanitarian Assistance）がイラクを統治し，その後CPAがORHAから引き継いでイラクを統治しました。CPAとは，正式名称を Coalition Provisional Authority（連合国暫定施政当局）といい，代表は米国のブレマー文民行政官でした。代表が米国人であることからもわかるように，CPAは米英が主導

権を握っている組織でした。

同時に行政組織としてのCPAと併存する形で，CJTF7（Coalition Joint Task Force7，第7連合統合任務軍）がイラク全土で活動を続けています。連合軍には米英を中心に，イタリア，ポーランド，スペイン（後に撤退），ウクライナ，オランダ，オーストラリア，チェコ，ルーマニア，ブルガリア，韓国，タイ等が参加しています。

このように，CPAやCJTF7は，イラク人による自治のための組織ではありません。国連も，CPAやCJTF7には全く関与していませんでした。

2003年5月22日，国連安保理決議1483が採択されましたが，この決議は米英軍としての米国と英国の特別の権限を認識し，「当局」（米国と英国の統合された司令部）は国際的に承認された代表政府がイラク国民により樹立され，「当局」の責務を引き継ぐまでの間，権限を行使するとしました。

これを受けて，連合暫定施政当局（CPA）が同決議に言及されている「当局」を構成する機関として活動しました。

その後，2003年7月13日，CPAの主導によってイラク統治評議会（IGC）が設立されましたが，統治評議会はCPAの下部組織にあたり，CPAの指示・指導に基づいて立法と行政を行うものにすぎません。

よって，実質的には，米英軍等が統治している状態でした。

したがって，統治評議会が設立された後も，「占領」が継続していることには変わりはありません。

国連安保理決議1483の概要

①決議1483は米英の「当局」としての位置づけ，②国連事務総長特別代表の任命とその任務，③イラクに対するいわゆる経済制裁の解除，④イラク開発基金の設置，⑤オイル・フォー・フード（OFF）計画の6ヶ月延長，の他，「イラクの主権及び領土保全の再確認」や「大量破壊兵器の武装解除及び武装解除の確認」，「文化財の保護」などについて言及しています。

第2章　イラク占領

第2　米英軍の義務の不履行

1　米英軍の責任・義務

　上記第1で述べたように，米英軍による「占領」が開始され，文民の保護について規定するジュネーブ第4条約・同第1追加議定書などが適用されます。

　このことは，上記国連安保理決議1483でも，米英「両国が統一司令部を持つ占領国群として，関連国際法に規定される権限，責任および義務を持つ」と明確に規定されています。

2　米英軍が占領に伴う責任・義務を果たしていないこと

　占領国は，食糧及び医薬品の供給を確保し，また必要に応じてそれらを提供しなければなりません（ジュネーブ第4条約55条，第1議定書69条）。

　2003年5月，国連は，「イラク戦争以前は約4％の人々が重大な栄養失調の状態にありましたが，現在は3分の2の人々が食料援助に完全に依存し，そのうちの40％の人々が栄養失調の状態にある」と発表しました。

　このように，米英軍は食糧確保の責任を果たしていません。

　医薬品の供給も極めて不十分で，多くの命が失われています。

　また，占領国は，伝染病および疾病の流行に対処するのに必要な予防的手段をとるにあたって，利用できる手段を最大限に活用しなければなりません（同条約56条）。

　この点については，2003年5月南部バスラにおいてコレラが発生するなど，民間人数百万人が病気にさらされました。この被害は，米英軍の直接的な攻撃によるものではありません。しかし，米英軍は，発電施設を破壊し，それによって民生用の水道供給が途絶するなど，イラクの人々の生存の条件を脅かしたにもかかわらず，その復旧に尽力していません。

　イラクの人々の多くは，水道施設が破壊されたため，汚染された水を摂取し，その結果命を落とす人も少なくありません。米英軍のイラク攻撃，そしてそれに続く違法・不当な占領行政さえなければ，多くの人は衛生上の理由により命を失うことはなかったのです。

　米英軍は，利用できる手段を最大限に活用するどころか，不作為によってコレラ等の伝染病拡大に手を貸し，イラク国民の生命を危機に陥れているの

です。

第3　イラク国民の生活破壊

米英軍は，義務を果たさないばかりか，イラク国民の生活を破壊しています。

①　米英軍は，何の補償もなく，フセイン元大統領の政権下におけるイラク軍と警察を解体したばかりでなく，大多数のバース党員の解雇を行いました。

②　ほとんどすべての政府，省庁，工場などの建物と活動が破壊されたため，大多数のイラクの公務員は仕事を失いました。イラクでの失業率は，占領から1年以上経った今でも，未だに約70％にも及ぶと言われています。

③　イラクでは，フセイン元大統領の政権下において，法律上組合活動が禁止されていました。米英軍は，この法律を適用し続けるのみでなく，ブレマー文民行政官は，2003年6月，ストライキを教唆した者に対する罰則として，占領当局によって拘束され戦争犯罪人として取り扱うとの，「禁止活動」に関する規則を発表しました。

④　イラク失業者組合（UUI）は，2003年7月29日バグダッドにおいて，新しい国家は，被占領地域に福利を提供する米英軍の義務に関するジュネーブ条約に従って，イラク国民の社会的利益を保証しなければならない旨要求するとともに，ほとんど4か月給与が支払われていない医師，教員，看護婦，国家公務員への再補償を要求しました。

これに対し，2003年8月2日，米軍は，同組合のカシム・ハディ及びその他54人の組合指導者と組合員を逮捕しました。また，2004年1月10日，英軍と地方警察は，イラク南部の都市イマラにおいて行われた，仕事や食糧を要求する失業者の抗議行動に対して発砲し，イラク人6人を殺害し，8人を負傷させました。

以上のように，"自由と民主主義をもたらすため"イラクを攻撃した米英軍は，イラク国民に不自由を強い，民主的な権利を与えることについても拒否し続けるなど，イラク国民の生活を破壊し続けています。

第4　人道支援活動の阻害

　以上のように，米英軍は，占領に伴う義務を果たさず，違法な行為を行い，イラク国民の生活を破壊しています。

　そこで，イラク国民の生命を守り，その生活を支えるため，NGOや国連等による人道支援活動が必要です。

　しかし，米英軍の占領政策への反発による治安の悪化などから，国連は実効的な援助ができていません。

　アナン国連事務総長は，2003年12月10日，第2回イラク情勢報告において，要旨以下のとおり述べ，イラク全土の治安状況の悪化を明言しています。

　「8月にイラクの全般的治安状況が劇的に変化しました。イラクは新たな段階に入り，すべての外国組織や連合国暫定当局に協力するイラク人が，意図的で直接的な敵対的攻撃の潜在的標的となりました。こうしたタイプの治安上の脅威は予想されていなかったものです。」

　「委員会（イラクにおける国連要員の安全と治安に関する独立委員会）は10月20日に報告を提出しました。その結論は，イラクには危険が伴わない場所はない，というものです。」

　「イラクにおける国連の今後の活動方法立案のために，イラクにおける国連活動の本質的な計画見直しの全体を通じて，治安状況に関して以下の想定を念頭におきました。

・治安状況は短期・中期的に改善しそうになく，さらに悪化するかもしれません。

・国連は，予見できる将来にわたって，イラクにおけるテロ活動の重要で衝撃度の大きな標的にされるでしょう。」

　2003年8月19日，現実に，バグダッドの国連現地事務所が攻撃を受け，国連のデメロ代表等が死亡しました。

　以上のように，米英軍の占領政策への反発による治安悪化は，国連などによる人道支援活動をも困難にしているのです。

第5　資源の収奪

1　米国企業による「復興事業」の独占

　イラク復興事業は米国際開発局（USAAID）が取り仕切っています。

その下で，ブッシュ大統領のイラク攻撃を強く支持していた，シュルツ元国務長官が役員を務めるなど，米国政権と極めてつながりの強い米国プラント建設大手ベクテル社が以下のように「復興事業」を受注しました。

黒い企業・ハリバートン社～戦争って儲かるんです～

　イラクの復興事業を，事実上取り仕切っているのは，米陸軍工兵隊ですが，その工兵隊によると，イラクの石油産業を戦前レベルにまで復興させる再建事業は220プロジェクト，約11億4000万ドルの規模で，それを2004年3月までに終了させる計画でした。

　再建計画は3段階に別れていますが，米陸軍工兵隊のタイムテーブルによると，最初の2段階が終了するのは2003年12月ですが，この2段階までの事業の総額が9億6700万ドルで，この段階で全体の85%が終わる予定でした。

　ところで，工兵隊が「フェアな入札」として示した入札スケジュールは，入札応募の締め切りが2003年8月15日，その後10月15日までに事業を請け負う企業を発表するというものでした。

　ところが，ハリバートン社の技術・建設部門のKBRは，すでに同年3月の段階からイラク入りして，輸送人員の派遣，ロジスティック関連物資，占領軍のインフラ全般の大半を請け負い，さらに油田火災の消火作業を始めとして，どんどん復興事業を始めていました。

　一方，工兵隊の入札スケジュールに従うライバル企業は同年10月15日から準備を開始すれば，年内に事業を始めることさえ難しい状況でした。

　すなわち，復興事業の85%は自動的にハリバートンの子会社KBRが請け負い，残りの15%をライバル企業が奪い合うという構造になっていたのです。

　これについては，ハリバートン社がイラク復興事業を受注するにあたり，ディック・チェイニー米副大統領執務室周辺がこれを調整していた事実が明らかになっています。すなわち，米軍がイラクに爆弾とミサイルの豪雨を降らし始める数カ月前の2002年10月，すでに米国防総省が，ハリバートン社に対し，秘密裏にイラクの油田に関する全面的な統制権を与えることを検討していたのです。

第2章　イラク占領

① イラクの電気，水道など社会資本復旧のための大規模事業を受注（空港・港湾などの大型事業を含めた事業規模，約816億円）

② イラク戦後復興第2期事業（発電関連設備，上下水道，空港，港湾施設の再建や維持が内容）を受注（約722億円）。

2　ハリバートン社による巨額の利益の獲得

米国石油大手ハリバートン社は，ブッシュ大統領の腹心ディック・チェイニー副大統領が1995年から2000年までCEO（最高経営責任者）の地位にあった企業で，過去にはキューバのグアンタナモにある拘束施設の建設も請け負いました。

ハリバートン社は，イラク戦争の1年前の第2四半期で約5億ドルの赤字を出していましたが，イラク戦争後の2003年の同四半期には2600万ドルの黒字に転換しています。これは，主に，イラク復興と石油取引によって得られた数億ドルの利益によるものです。

ディック・チェイニー米副大統領は，現在でも毎年約20万ドルの退職者報酬をハリバートン社から受け取っています。

第6　占領の継続

米英軍による占領は，今もなお続いています。

2004年6月8日，国連安保理決議1546が全会一致で採択されました。

採択された決議は6月末に実施される米英占領当局（CPA）からイラク暫定政府への主権移譲に伴い，暫定政府に「完全主権」を保障するとともに，米英軍を中心とする多国籍軍の駐留継続を確認しました。また，付属書簡で，大規模な軍事作戦にあたり，暫定政府の「国家安全保障委員会」で，イラク軍の参戦の是非を判断することなどを定めました。

しかし，イラク軍と米英軍を中心とする多国籍軍の間で作戦をめぐる意見対立があった場合の対応は規定されませんでした。また，マクレラン米大統領報道官は，同月15日，多国籍軍全体について米司令部が「監督する（oversee）」との見解を明らかにしています。

さらに，イラク暫定政権のアラウィ首相は，CIA（米国中央情報局）及びMI6（英国対外情報部）と強いコネクションを持つなど極めて米国及び英国とつながりが深い人物であることが明らかになっています。しかも，予定を

2日早め，6月28日，数人の参加でCPAから暫定政府に主権が委譲されたとしています。現地の報道によれば，イラク国民の支持どころか誰も占領が終わったなどとは思っていません。

以上の事実などから，「イラク主権移譲」とは，名ばかりのものであり，イラクは現在もなお，米英軍の権力の中心の権力内にあり，「占領」は終了していません。

> ### 国連安保理決議1546の概要
>
> 決議1546には，①6月末までの主権移譲の承認，②2005年12月末までの新憲法に基づく正式政府発足，③多国籍軍の駐留は正式政府発足またはイラク政府の要請により終了，④（石油収入をプールする）イラク開発基金はイラク政府が管理する，などが盛り込まれた上，国連加盟国に対し，人道復興や国連イラク支援団（UNAMI）への支援を目的に多国籍軍への貢献を求める一文が付け加えられました。

第7 侵略の罪該当性

占領行為それ自体，前章で述べた侵略の罪にあたります。

1 占領は侵略行為

すなわち，侵略の罪を構成する武力行使とは，「他国の領土に対する武力による侵攻または攻撃，たとえ一時的なものであっても，当該侵攻から結果として生じた軍事的占領，他国またはその一部の領域の武力行使による併合」（1974年国連総会決議3314）であり，軍事占領を含みます。

2 人民の自決権の侵害

また，侵略の罪は，第1章「イラク攻撃」で述べた通り，人民の自決権を侵害する罪ですが，米英軍などによる軍事占領はまさに人民自決権の侵害にあたります。たとえある国の政府が，どんなにひどい政治をしていたとしても，それを外国の軍隊が侵略・転覆し，自らに都合の良い新たな政府を作ることは決して許されるものではありません。

第2章 イラク占領

1966年に国連総会が採択した国際人権規約の共通第1条は,「すべての人民は, 自決の権利を有する。この権利に基づき, すべての人民は, その政治的地位を自由に決定し並びにその経済的, 社会的及び文化的発展を自由に追求する」と規定しました。自決権は集団としての人民の権利であって, 人民を構成する個々人が人権と自由を享受する前提条件だとしたのです。

　いかにフセイン政権が圧政を敷いていようと, その政権を打倒するのはイラク人民の権利です。

　米軍は, 軍事占領を続け, イラク人を誘拐, 監禁, 虐待, 虐殺するなどの行為を続けています。これは, イラク人民の自決権侵害にあたります。

3　国連安保理決議1483, 1511, 1546との関係

　ただし, CPAやCJTF7のイラク占領政策は, 国連安保理決議第1483号及び同第1511号を根拠として遂行されていました。そこで, 国連安保理が, CPAやCJTF7を通じた米国, 英国軍などによるイラク占領を認めており, イラク占領は違法とならないのではないかが問題となります。

　(1)　第1で紹介した安保理決議1483は, 米英軍としての米英の特別の権限を認識し,「当局」(米英の統合された司令部) は国際的に承認された代表政府がイラク国民により樹立され,「当局」(CPA) の責務を引き継ぐまでの間, 権限を行使するとしました。

　(2)　10月16日に採択された国連安保理決議1511は, 暫定占領当局 (CPA) を認めると共に, イラクの安全保障と安定維持のため, 統一指揮下による多国籍軍の設置を認めるものです。

　(3)　しかし, 国連安保理決議1483が米英軍に権限を認めるのは, 第5項で「あらゆる関係者に対し, 1949年のジュネーブ条約及び1907年のハーグ協定をはじめとする国際法による義務を完全に果たすよう呼びかける」と規定し, 占領者の国際法上の義務=公共の秩序及び生活を回復確保するためなし得る一切の手段を尽くす義務 (1899年ハーグ陸戦規則43条) を果たさせるためです。これは, 戦争自体の違法性と関わりなく適用される戦争手段についての法的規制に関する規程ですから, 決議1483が米英主導の占領自体を適法だとしたものとは言えません。

　仮に, 決議1483, 1511が米英軍主導の占領枠組み自体を適法としたと考えても, 同決議は「当局」に対し, 安全で安定した状態の回復及びイラク国民

が自らの政治的将来を自由に決定できる状態の創出に向けて努力することを含め、領土の実効的な施政を通じてイラク国民の生活を向上することを要請したものですが、すでに論じてきましたようにCPAによる占領の実態は、この要請とはかけはなれていますから、決議1483，1511にも違反し、違法です。

（4）また、決議1546も、新政権作りのプロセスを決めたもので、これまで行われたイラク侵略と占領を正当化するものではありません。第6で述べたとおり、実態は米英連合軍の占領の継続であり例えそれが多国籍軍と名前を変えようとも、ジュネーブ条約及びハーグ協定に違反する行為は許されません。そして、いくら米英政府の策略とはいえ、イラク国民の願いと反するような決議をした国連安全保障理事会は批判をまぬがれません。

4　罪

ブッシュ大統領は米軍の最高司令官であり、ブレア英国首相は英軍の指揮権者です。米国，英国は、実質的にイラクを統治し、石油などの資源の収奪などを目的とし、人民自決，内政不干渉等の国際法の原則を踏みにじり、占領という武力を行使した状態の下、イラク国民を殺戮し、生活を破壊し、その自由を奪いました。したがって、ブッシュ大統領、ブレア首相の行為は、侵略の罪にあたります（規程2条，ICC5条）。

国連安保理決議1511の概要

安保理決議1511には、
①イラク統治評議会は、イラクの主権を体現する暫定政権の重要な組織である、
②米英の暫定占領当局（CPA）に対して、可能な限り早く統治権限をイラク国民に戻すよう求め、
③評議会は、新憲法起草や民主選挙実施の日程を12月15日までに国連安保理に提示する、
④国連はイラクでの人道支援や経済復興などの役割を強化する、
⑤イラクの安定維持のため、統一指揮下の多国籍軍を設置、決議後1年以内に役割を見直す、
ことなどが盛り込まれています。

●第3章
被抑留者への拷問

　ここでは，第1にバグダッド制圧以降米英軍によってなされたイラク人に対する身体の拘束（以下，「抑留」といいます。）が多くの場合違法であったことを確認します。

　第2に，抑留されたイラク人への拷問，特にアブグレイブ刑務所で大規模かつ組織的に行われた拷問の具体的内容を明らかにします。

　第3に，女性や子どもには国際人道法上特別の保護が与えられていることから，女性や子どもに対する拷問については別途項目を立てて検討することとします。

　そして，最後に，これらの米軍兵士の行為に基づくブッシュ大統領の刑事責任を明らかにします。

第1　違法な民間人抑留

　イラク駐留米軍は，2003年から，夜間に民間人の家を襲い，男性と見れば引き立てるということを繰り返してきました。時には，高齢者，障害者，病人を問わず，成人男性のすべてが捕らえられることもありました。そのため，身体を拘束されているイラク人（以下，「イラク人被抑留者」といいます。）のほとんどが民間人で，しかもその70％から90％が誤った逮捕でした。アブグレイブ刑務所でも，60％以上が，社会に対する危険がなく釈放の要件を充たしているにもかかわらず抑留され続けています。

　民間人の抑留は，占領国を害する意思をもって犯罪行為を行った場合や占領国の安全上絶対の必要がある場合に限られています（第4条約68条1項，78条1項）。この要件を充たさない米軍の抑留は，「拘禁」（規程4条e，同5条1項g，ICC7条1項e，同8条2項a vii）にあたり，人道に対する罪およ

び戦争犯罪となります。

第2　アブグレイブ刑務所での拷問

1　アブグレイブ刑務所

　アブグレイブは，バグダッド中心部から西に約30キロの地点にあり，ちょうどファルージャとバグダッドを結ぶ中間地点にあります。この地にあるアブグレイブ刑務所は，1964年ころ設立されたイラク最大の政治刑務所でしたが，バグダッド陥落以降は米軍によって管理されています。
　このアブグレイブ刑務所で，米軍兵士らによるイラク人被抑留者に対する拷問が行われたのです。

2　拷問の具体的内容

（1）内部調査報告書

　イラク駐留米軍の内部調査結果（アントニオ・タグバ陸軍少将が2004年2月2日から行った内部調査の結果を示す50頁にわたる調査報告書）によれば，2003年10月から12月にかけて，米陸軍第800憲兵旅団の中の第320憲兵大隊，第372憲兵中隊の兵士，第205情報旅団の兵士らによって，イラク人被抑留者に対し，残忍，露骨で，淫らな拷問が行われました。内部報告書は，以下のような拷問の具体的行為を20項目以上にわたって示しています。
　① 被抑留者を殴る，叩く，蹴るの行為。素足の上に飛び乗った。
　② 裸にした男性および女性被抑留者をビデオや写真に撮影した。
　③ 性行為を明示する姿勢を強制的に取らせ，写真を撮った。
　④ 衣服を強制的に脱がせ，時によっては数日に渡って裸のままでいさせた。
　⑤ 男性の被抑留者達に自慰行為を強要し，写真やビデオに撮影した。
　⑥ 裸の男性被抑留者を積み重なるように配置し，その上に飛び乗った。
　⑦ 裸の被抑留者を箱の上に立たせ，砂袋をその頭に被せ，手足の指や生殖器にワイヤーを取り付けて電気による拷問の真似事をした。
　⑧ 被抑留者に仲間の15歳の被抑留者を強制的に強姦させ，足に「私は強姦魔です」と書いた上，裸のまま写真に撮った。
　⑨ 裸の被抑留者の首に犬用の鎖あるいは紐を巻きつけ，写真に収めるために女性兵士にポーズを取らせた。

⑩　独房内の壁に打ち付けられ怪我をした被抑留者の傷を憲兵が縫合することを許可した。
⑪　蛍光灯あるいはおそらく箒の柄で被抑留者の肛門を犯した。

(2) 被抑留者の供述

上記内部調査結果はイラク人被抑留者の供述を基にしています。そこで，そのいくつかの供述の内容を見てみることにしましょう。拷問の事実が極めて生々しく語られています。

①　「彼らは私たちの頭に砂袋をかぶせて，私たちを殴打し，私たちのことを罵りました」「私たちの服を脱がせて生まれたばかりの赤ん坊のように素っ裸にしました」「彼らは私たちに対して，自分の性器を掴んで自慰行為をするように命令しました」「彼らは私たちを人間としてではなく，まるで動物のように扱いました」「その後，彼らは，2日間にわたって，私たちを素っ裸のまま，着る物も一切与えず，マットレスも与えず，まるで犬のように，放置しました」「両手両膝をつかされて，一人の背中に他の人間が積み重なるようにされました」「私たちが裸にされて，自慰行為をするように命令されたとき，別の抑留者が連れてこられて，私たちの前にひざまずいて座らされ，まるでその抑留者が私たちの性器を口の中に入れるような格好で写真を撮られました。その前に，誰かが私の性器をペンでもてあそんでいるのが分かりました」（民間人。2004年1月17日17時31分）。

②　「彼らは6人の囚人を連れてきて床に倒れるまで殴り，その内の一人は鼻を切られて血が流れ出し，……医師が鼻を縫合するために来たが，グレイナー（引用者注：訴追を受けている米兵）は医師に縫い方を教えろといい，彼がこの縫合をしたのである。これは本当であり，彼が糸と針を使って座り，手術が成功し終わるまで縫った」（捕虜。2004年1月17日16時30分）。

③　「私を閉鎖された部屋に連れていき，5人以上の看守が冷水をかけ，私にすでに部屋の中にあった誰かの小便の中に頭を入れろと命じた。その後，彼らは私をほうきで殴り，まだ小便の中にあった頭を踏みつけた」（捕虜。2004年1月17日14時45分）。

④　「彼は私を後ろ手錠で縛り，金属の窓のところに縛り付けました。その場所は足が届かない所で私は5時間もの間，吊り下げられました。ただ御祈りがしたいので時間を尋ねただけの理由です」（捕虜。2004年1月18日13時）。

⑤ 「私は体に数発の銃弾を打ち込まれ病院に運ばれました」「看守が私の頭にピストルをあてました。彼は『今すぐにでもお前を殺してやりたい。』と言いました」「彼らは『お前を死にたいと思わせてやる。しかし，死ねないんだ。』と言うのです」「彼らは私に豚肉を無理やり食べさせ，口に酒を入れました。豚肉を私の鼻や額に置きましたが，その豚肉はとても熱かった」「誰かが聞きました。『おまえは何かを信じているのか？』『アラーを信じる。』と答えると，『俺は拷問を信じる。だからおまえを拷問する。俺が国へ帰っても，後からきた奴におまえを拷問するように言っておく。』と言いました」「彼らは私にイスラムを呪うように言いました。私の折れた足を殴るので，私は自分の宗教を呪う言葉を言いました。彼らは私が生きていることをイエスに感謝しろと言いました。言われたとおりにしました。私の信仰に反して」「私の頭に銃を当て殺すと脅かしました。時々は犬を連れてきて，私をドアにつるし，犬に私を噛ませようとしました。これが1週間以上続きました。」（民間人。2004年1月16日15時22分）。

⑥ 「そして夜，グレイナーはトイレの中に食べ物を投げ込み，『それを取って食え。』と言った」「グレイナーは犬をけしかけて彼の左右の足を噛みつかせた」（捕虜。2004年1月18日12時）。

(3) 赤十字国際委員会の報告

上記以外にも，赤十字国際委員会（ICRC）が，2003年3月から11月の間にイラク国内の14施設を29回視察し，身柄の拘束や移送，尋問時に受けた拷問についてイラク人被抑留者から直接聞き取りをした結果をまとめた報告書によれば，以下のような拷問も行われていたことが分かりました。

① 袋を数日間かぶせられ，いつ殴られるかという不安を高めさせられる。
② 裸で女性の下着を頭にかぶせられ写真を撮られる。
③ 裸のまま手錠で鉄格子に固定される。
④ 袋をかぶせられたままセ氏50度近くの気温の屋外に放置される。
⑤ 素裸にされ，全く何もない真暗闇のコンクリートの部屋に何日間も閉じ込められる。

(4) 評価

これらの拷問は，イラク人被抑留者の肉体を激しく傷付けるもので，これが原因で亡くなる被抑留者もいました。

のみならず，この拷問はイスラム教を信仰する彼らの宗教的人格を深く傷

付ける行為でもありました。たとえば，彼らの供述にあるように，自らの信仰に反する言葉を述べさせられたことは端的に信仰の自由の侵害です。豚肉を食べることや飲酒がイスラムの教えにより禁じられていることは有名ですが，むりやりこれらを飲食させることも信仰の自由の侵害となります。また，イスラム世界では犬は不浄の動物とされ，犬で脅したり，犬に噛みつかせたりする行為もイスラム教信仰者であるイラク人被抑留者にとって極めて侮辱的な行為といえます。さらに，イスラム法ではホモセクシュアル行為が禁じられており，男性を他の男性の前で裸にさせることでさえ信仰を害する行為といえます。まして，男性同士でオーラルセックスをしているかのような格好をさせることなどは，イラク人被抑留者の宗教的人格を深く傷つける行為です。

そして，人々の信仰心が深く根付くイスラム社会にあっては，宗教的人格の否定は人間としての尊厳それ自体の否定に他なりません。

このような観点からすれば，前述の拷問行為がいかに悪質で許し難い行為であるかが分かるでしょう。

なお，前述のように，こうした拷問の結果亡くなったイラク人被抑留者もいましたが，その遺体は袋に詰めて氷漬けにし，その後放置されるなどしており，亡くなった後までその尊厳を奪われています。

3 「拷問」か「虐待」か

米軍内部調査の報告書では「拷問」（torture）という言葉は用いられずに，「虐待」（abuse）という言葉が用いられています。しかしそこには，「拷問」という言葉の持つ悪質で陰湿なイメージを回避しようとする米軍の姿勢が見え隠れします。また，米軍内部調査の報告書がそのように述べているため，メディアでも当初は「虐待」という言葉が用いられるのが一般的でした。

しかし，米兵のこれらの行為は「身体的なものであるか精神的なものであるかを問わず，抑留中または被告人の立場にある者に対し，重い苦痛を故意に与える」行為であり（ICC 7条2項e），国際法上の「拷問」にあたる行為です。

4 組織的な拷問であること

被告人ブッシュ大統領は，上記の憲兵隊員らによるイラク人被抑留者に対する拷問は一部の者の仕業にすぎないと主張しています。しかし，そもそも，

これだけの拷問を現場の兵士達が何の目的もなく気ままに行ったとする方が不自然です。イスラム教を理解し、イラク人被抑留者の尊厳を最も「効果的に」傷付ける方法など、彼らだけで考え出せることではありません。

　米軍内部調査の報告書は、アブグレイブ刑務所に配属された兵士が軍情報部が被抑留者を尋問しやすいような「条件作り」のために、施設の運営を変更するように指示されていたこと、第372憲兵中隊の複数の兵士の供述によれば、ある兵士の仕事が被抑留者を眠らせないことであったり、軍情報部とCIAが被抑留者の口を割らせるための条件作りをすることであったりしたこと、軍情報部が警備員に対し「くつろがしてやれ」「嫌な夜にしてやれ」などと言って拷問をほのめかしたり、「よくやった。どんな質問でも答えている。重要な情報を吐いている」などと言って兵士を褒めていたこと等も指摘し、この拷問が組織的な（systemic）ものであったと明言しています。

　また、米上院軍事委員会の2004年5月11日の公聴会では、軍用犬の使用、睡眠のかく乱、感覚遮断、最高30日の隔離といった尋問手法はサンチェス駐留米軍司令官が承認し、実際に行われる場合も同司令官の許可が必要であった旨の証言がなされています。本件で訴追を受けているイワン・フレデリック3等曹長の弁護人が2004年4月2日に開かれた軍の審問の場で述べたところによれば、同刑務所に所属する大尉から得た情報として、イラク駐留米軍のサンチェス司令官ら米軍高官が拷問の起きたアブグレイブ刑務所内での取調べに立会い、拷問現場の実態を承知していたとさえいいます。

　さらに興味深い事実は、尋問を一部担当したCIA（中央情報局）の2つの尋問マニュアルにある心理的強制手段と今回の拷問に共通性があるという事実です。問題の尋問マニュアルは、"Human Resources Exploitation Training Manual"と"Kubark Manual"と題されたマニュアルです。前者では、「人間のアイデンティティの感覚は、環境、習慣、現象、他者との関係との継続性に依存する……拘禁は、よく知っていて自らを元気付けるいかなる物からも断絶されている、という感覚を昂じさせるために行われるべきである」とされています。そして、アブグレイブ刑務所では被抑留者が3日間も窓のない部屋に隔離されるなどしていました。他方、後者のマニュアルでは「基本的に肉体的圧力よりも心理的圧力の方が抵抗心を奪う」とされています。そして、アブグレイブ刑務所でも、上記のように肉体的拷問のみならず宗教的アイデンティティを蹂躙する方法での心理的拷問が「巧みに」行われていまし

第3章　被抑留者への拷問

た。現場の兵士達がこれらのマニュアルの内容を知っていたとは思われませんので，これらを知る者，おそらくはCIA職員からの何らかの指導がなされていたと推測されます。

　以上の諸事実からすれば，本件拷問は，米軍の組織的関与の下で，尋問の手段として行われたものであるといえます。

　仮に，拷問の当時，米軍の直接的な組織的関与が認められないとしても，米軍にはそのような拷問が起きる状況を作っていた責任があります。米軍は，従来からイラク人被抑留者の多くは「不法戦闘員」としてジュネーブ条約の保護を受ける資格がないと主張してきましたし，驚くべきことに，米司法省は2002年8月にCIAに対し国外で拘束中の国際テロ組織アルカイダのテロリストに対しては，従来なら拷問に該当するような拷問も正当化できるとする文書を提出していました。今回の拷問は，このような米国の認識が引き起こしたといえます。また，アブグレイブ刑務所に配属された憲兵隊員らは，配置前にも，動員された現場でも，戦場に到着しても，そして任務全体を通じても，被抑留者への対応についてはまったく訓練がなされていませんでした。このようなことからしても，米軍は少なくとも管理不備という組織的関与をしていたといえます。

5　他の刑務所での拷問

　拷問が行われていたのは，実はアブグレイブ刑務所だけではありませんでした。国際市民団体「イラク占領監視センター」によれば，こうした事態はティクリート刑務所，バグダッドのルサファ刑務所，南部ウンムカスルのキャンプ・ブッカ（2003年4月から9月は米軍管理）でもあり，広範にわたります。2003年夏にティクリート刑務所に入れられた50代のバース党員男性は，逮捕から2週間後に後頭部を強打され，意識不明の状態で同市内の病院に運ばれ，2004年5月5日現在も意識不明のままです。男性は両手の平に黒く焼けた斑点があり，電気ショックによる拷問を受けた可能性が高いと言われています。また，前記の赤十字国際委員会の報告書によれば，2003年9月13日にバスラで拘束された男性9人のうち28歳の男性は，占領軍の兵に激しく殴られて死亡しました。死亡診断書には死因は「心肺停止」と書かれたようですが，後に占領軍指揮官が家族に弔意を表明し，捜査と関係者の処罰を約束したといいます。

6 罪

　アブグレイブ刑務所等で行われた以上のような組織的な米軍兵士の行為は，①被抑留者が民間人であれば，人道的待遇を要求する第4条約27条，強制的情報取得を禁止する同31条，虐待を禁止する同32条に違反します。また，②被抑留者が捕虜であれば，人道的待遇を要求する第3条約13条，身体・名誉の尊重を要求する同14条，肉体的・精神的拷問を禁止する同17条4項に違反し，③肉体的であるか精神的であるかを問わず，あらゆる種類の拷問や体罰を禁止する第1議定書75条2項a，個人の尊厳に対する侵害，特に，侮辱的で対面を汚す待遇，強制いん売及びあらゆる種類のわいせつ行為を禁止する第1議定書75条2項bにも違反します。そして，それらに違反する行為は，「拷問」（規程4条f，ICC7条1項f，同8条2項aⅱ，「レイプ」（規程4条g，ICC7条1項g），「身体または健康に故意によって深刻な苦痛を引き起こし，または重大な傷害を与えること」（規程5条c，ICC7条1項k，同8条2項aⅲ）にあたり，人道に対する罪および戦争犯罪となります。

第3　女性および子どもに対する拷問

　抑留中に拷問を受けたのは男性だけではありませんでした。

　Union of Detainees and Prisoners の報告によれば，ある女性は夫の目の前で米国人看守にレイプされ，夫の顔を見るように強要され，のち自殺したといいます。イラクでは名誉の価値は人間の命の価値自身よりも重要であるとされ，レイプされた女性は釈放後，自殺したり，一家の恥であるとして家族に殺されたりすることもあったと報じられています。

　また，イラク占領監視センターの報告書によれば，ある女性の証言として，米兵がいる前でイラク人警官たちに17回レイプされたと伝えています。

　同報告書は，これ以外にも以下のような女性に対する拷問を明らかにしています。

　①　キルクークの郊外で拘束されたある女性は，その18日前に出産したばかりで，男の赤ん坊に母乳を与えていたところ，米軍兵士がその赤ん坊を祖母に投げつけて，母乳が服の上を滴っている最中にその女性を拘束した。

　②　抑留されていたある老婦人に対し，男性の被抑留者達の前で屈辱を与えるために，検査の名目で，皮膚をつねり，身体の各部位を押し，髪の毛を広げ，強く引っ張り手荒に調べ，それから老婦人の股間をたたき，これを4

回も繰り返した。

　③　ある女性は，夫が自首せざるを得ないようにするために，人質として捕らえられ，マットレス一つのテントに拘束され，2日間トイレに行くのを認められず，ルームマットレスの一隅をトイレとして使わざるを得なかった。

　④　ある女性の証言によれば，米国兵士が，服は破れほとんど裸で手を縛られた30歳代の女性を連れてくるのを見た。

　さらに，英国の民放ITVテレビが伝えたところによれば，12歳の少女が深夜にアブグレイブ刑務所に連れてこられ，深夜にアルジャジーラのカメラマンであるスハイブ・バズ氏らの房の前で裸にされ殴打され，少女は兄に助けを求め泣き叫んだといいます。

　国際人道法上，女性と子どもにはいずれも特別の保護がなされています。ジュネーブ第4条約27条2項は「女子は，その名誉に対する侵害，特に，強かん，強制売いんその他あらゆる種類のわいせつ行為から特別に保護しなければならない。」と規定し，第1議定書76条も「女子は，特別の尊重の対象とし」と規定し，妊産婦にも特別の保護を要請しています。他方，第4条約16条1項，24条，50条，第1議定書77条は，子どもに対する特別の保護を要請しています。

　上記のような女性や子どもに対する拷問はこれらの規定に違反し，第2の5と同様の人道に対する罪および戦争犯罪となります。

第4　ブッシュ大統領の刑事責任

　ブッシュ大統領は，米軍の最高司令官として米軍を実効的権限および統制のもとに置いています。そして，赤十字国際委員会は2003年中から連合軍に対し警告を発してきており，ブッシュ大統領は拷問の事実を知っていました。のみならず，上記のようにブッシュ政権の下で司法省がCIAに対し拷問を正当化する文書を示し，これによって拷問が行われてきたことからすれば，ブッシュ大統領は米軍兵士による上記拷問を容認していたとさえいえます。加えて，ブッシュ大統領は，アフガニスタン戦争時のグアンタナモ基地での拷問以降も何ら拷問を防止または阻止するための措置をとりませんでした。

　したがって，ブッシュ大統領には，上官として上記各人道に対する罪および戦争犯罪の責任があります（規程7条4項，ICC28条aⅰⅱ）。

●第4章
ファルージャの虐殺

　ブッシュ大統領が「戦闘終結宣言」を出したのちも，米英軍はイラク各地で戦闘行為を継続し，戦争犯罪を繰り返しています。

　その中で，最大級の戦争犯罪が2004年4月，ファルージャで発生した住民虐殺でした。ファルージャの悲劇はメディアでも大きく取り上げられ，「ファルージャを救え」というスローガンは，イラク国民の多くが共鳴する救国のスローガンとなりました。

　私たち検事団は，米軍のファルージャにおける戦争犯罪を取り上げることにより，ブッシュ大統領らのイラク戦争が「侵略」であり，イラク占領政策が破綻したことを証明したいと考えます。

第1　はじめに

1　前史

　バグダッドから西に60キロ，ヨルダンと結ぶ要路に位置する町ファルージャ。2004年4月，ブッシュ大統領はこの地で，700人を越える市民を無差別に殺戮しました。

　ファルージャは，人口約30万人で，潅漑設備を用いた農業が産業の中心でした。住民の宗教はスンニ派が主で，いわゆる「スンニ・トライアングル」の一部とされています。フセイン政権がスンニ派だったことから，ファルージャはフセイン派の拠点のようにもいわれていますが，市民の多くはフセイン政権に反感を持っていたといいます。

2　事件に至る経緯

　では，フセイン派ではないファルージャの住民が，なぜ，米軍の攻撃を受

けるに至ったのでしょうか？　事件に至る経緯をたどってみます。

　米軍の大隊がファルージャに進出したのは2003年の4月23日のことでした。この月，バグダッド，キルクーク，モスールといった主要都市が陥落しました。米軍は，フセイン政権下のイラク軍や「フェダイーン」がファルージャに逃げ込んだと考え，その掃討に乗り出したのです。しかし，米軍が侵入したとき，ファルージャでは，すでに，現地の指導者たちが文民行政委員会を設置し，行政官と市長を選出していました。ファルージャでは，米軍が進軍

スンニ・トライアングル

　約2500万人とも言われるイラクは人口の約8割がアラブ人で，残りの多くはクルド人が占め，主にイラクの東北部がクルド人の居住地域，南部がイスラムシーア派の多く住む地域，西北部がイスラムスンニ派が多く住む地域とされています。

　そして，とりわけ北西部のフセイン元大統領の出身地ティクリットとラマディ，バグダッドの3つの都市を結ぶ地域が「スンニ・トライアングル」（スンニ派三角地帯）と呼ばれ，反米感情が強く，武装抵抗勢力の中心とされる地域です。大虐殺が起きたファルージャも「スンニ・トライアングル」の中に位置します。

　イスラム世界全体では2割程度と少数派のイスラムシーア派が，イラク国内では多数派を形成しているが，フセイン元大統領がスンニ派部族出身だったため，彼の政権下においてはイスラムスンニ派が優遇され，人口的には圧倒的多数派のイスラムシーア派のアラブ人は，スンニ派出身のフセイン政権下で抑圧の対象とされました。

　そこで旧フセイン政権の「残党」やスンニ派が多く住む地域ということで「スンニ・トライアングル」が反米勢力の中心とされていますが，実際は，占領下でファルージャで最初に行われた民衆の平和的なデモを武力で弾圧したのは米軍でした。

　この言葉は，ことさらイラク国内の宗教的対立を描き出したり，反占領を求める運動や勢力を旧フセイン政権と結び付けてイラク国内の「政情不安定」を印象付けるために使われています。

する以前に一定の自治組織を持っていたのです。

　米軍がファルージャに進出するとすぐ，住民と米兵との間で緊張がうまれます。米軍は小学校を勝手に基地に変え，米軍兵士たちは，ファルージャの住民に対して，暗視機材を使う等して周囲の家族を監視しました。これが，住民達の反感を呼んだのです。

　4月28日，米軍のファルージャ占領に対する抗議デモが始まりました。150人程の住民が，米軍が駐留するバース党本部前に集まったのです。デモは平和的で，誰も銃は持っていませんでした。人々は，「神は偉大なり！ムハンマドは預言者なり！」といったスローガンを口にし，また，「サダムにノー！　米国にノー！」と叫んでいました。

　4月29日，米軍の基地になっていた小学校の再開を求めるデモ隊の一行が小学校に到達しました。するとすぐに，米軍からの銃撃が始まりました。デモ参加者からは何一つ挑発行為がなかったにもかかわらず，一方的に米軍が発砲したのです。

　この発砲により，13人の住民が死亡し，75人が負傷しました。この無法な米軍の行為に対し，ファルージャの住民は抵抗運動を開始したのです。

第2　虐殺事件の発生

1　事件の発生と住民の抵抗

　2004年3月31日，ファルージャで，米国の傭兵会社ブラックウォーター社の社員4名が，車を運転中に襲撃され，その焼死体が人々により引きずり出されて殴打され，ユーフラテス川の橋に吊り下げられた事件が，発生しました。

　日本の報道は，殺された4人について「民間人」と報じました。しかし，彼らの正体は傭兵であり，民間人の姿をした兵隊でした。

　住民たちは遺体をシャベルでたたいたり，「ファルージャを米国人の墓場にしてやる」などと話したりしていました。AP通信は，2人の遺体が，鉄橋の梁からつり下げられ，その下で住民らが気勢をあげる写真を配信しました。

　ブッシュ大統領は，事件に対する報復として，海兵隊に命じてファルージャ住民に対する攻撃作戦を開始します。4月5日，海兵隊2500人がファルージャを包囲し，爆撃等を開始しました。米軍の掃討作戦は，武装ヘリコプタ

第4章　ファルージャの虐殺

ーによる空爆を含む無差別攻撃となります。米軍は5日，アンマンとバグダッドをつなぐ主要道路を封鎖し，都市を包囲しました。都市に入った海兵隊は一軒一軒を捜索し，住民を虐殺しました。住民らはこれに対して自動小銃や小型ロケット砲で武装して抵抗しました。

住民の抵抗に対して，米軍が武装ヘリコプターのミサイルで住宅地を攻撃しました。この攻撃で女性や子供が巻き添えになります。6日夜の空爆で，女性や子どもを含む約60人が死んだとされ，2日間の死者は100人を超えました。AP通信によると，ファルージャ病院の病院長の談話として，6日夜の4時間にわたる空爆で，16人の子どもや，8人の女性を含む26人が死んだといいます。

7日，モスク（イスラム礼拝所）が米軍によって空爆され，中に立てこもっていた40人以上が死にます。モスクへの攻撃は武装ヘリコプターで行われました。ファルージャ侵攻に抗議する動きは，イラク中北部のスンニ派地帯に広がり始め，7日にはバグダッドでモスクが「反米聖戦」を信者に求めていました。米軍は抵抗を訴えるモスクをつぶそうとしたのです。

9日にも戦闘が続き，これまでに市民470人死亡，負傷は1200人といいます。このころより，イラク国内では「ファルージャの悲劇を救え」が，宗派を超えた合言葉となりました。

ここで統治評議会の議員が抗議の辞意を表明する事態にまで発展します。統治評議会のスンニ派メンバーのガージ・ヤワル氏は9日，「もし米軍がファルージャで過度な武力行使を続けるならば，辞任する」と語りました。別のシーア派議員も，流血の事態が終結するまで議員としての権利を留保すると表明します。さらに，親米派で元外相のパチャチ議員も「住民に集団的懲罰を加える米軍の作戦は非合法で受け入れられない」と非難しました。

9日，バグダッドのモスクでの金曜礼拝で宗教指導者は「ファルージャに，薬，食料を」と訴えました。献血も始まります。ファルージャ救援は，イラク中南部で反占領の動きが広がるシーア派地域にも波及し，全国的な反米機運の高まりを生みだしたのです。他方，ブッシュ大統領は，精密誘導爆弾や狙撃部隊によって，武装勢力を狙い撃ちする作戦で武装勢力をせん滅しようとします。

病院は兵士によって閉鎖され，医師達は個人の自宅で野戦病院を開かざるを得ませんでした。この野戦病院に次々と傷ついた女性や子供が運ばれてき

たのです。

2 停戦と停戦破り

　4月10日，駐留米軍のキミット准将は，武装勢力に対し，停戦を呼びかけます。イラク統治評議会も10日，全土の騒乱について「即時停戦」と政治的な解決を求める声明を出します。

　停戦交渉に中心的役割を果たしたのは，イスラム宗教者でした。25日，イスラム宗教者委員会の仲介により，地元代表者と米軍は，事実上の停戦に応じます。

　ところが，イラク駐留米軍は27日夜にも大規模攻撃をおこないます。ブッシュ大統領は28日，ホワイトハウスで記者団に対し，「イラク人のためにファルージャを確保するには，米軍司令官たちは必要なあらゆる手段を取る」と述べました。停戦の仲介役を続け，日本人人質解放にも尽力したスンニ派のイスラム宗教者委員会は28日，「米軍はうまく機能し始めた停戦を何の理由もなしに破った」と非難しました。

　米軍は28日朝もファルージャ郊外の住宅やモスク（イスラム礼拝所）に侵入し，住民を家から追い出しています。イラク・イスラム党幹部は朝日新聞に対し「米軍は強大な力を見せつけ，イラク全土の人々に恐怖を植え付けようとしている」と米軍の行動を非難しました。

3 日本政府と英国政府の対応

　では，ファルージャの事態について，日本と英国はどう対応したのでしょう。

　4月28日，日本政府の高島肇久外務報道官は記者会見で，イラクの駐留米軍がファルージャを空爆し，武装勢力との停戦状態が破られたことについて「停戦条件である武器回収がなかなか進まないという側面もあってのことでした。米国側もやむを得ず（空爆という行動を）取っていることと考える」と述べました。他方，ブレア英首相も28日の議会で，イラク中部のファルージャに米軍が空爆などを加えたことについて「武装勢力に対して行動をとるのはまったく正しく，適切だ」と述べた。首相は「ファルージャでも，大多数の住民は反米英派が武器を置くよう求めている」と発言します。

　このように，日英の首脳は，こぞって米軍によるファルージャでの行動に

第4章　ファルージャの虐殺

対して支持を表明したのです。

4　米軍の撤退
　4月29日，米海兵隊の現地司令官は，ファルージャから米軍が撤退し，イラク人主体の治安組織が治安維持にあたるとの方針を明らかにしました。米軍は，住民の激しい抵抗にあって自らこの地を治めることは無理と判断し，イラク人部隊に治安維持を委ねることとしたのです。
　米軍に代わって治安維持にあたるのは「ファルージャ防護隊」（FPA）という部隊で，旧フセイン政権下の元兵士，警察官，地元部族ら1100人で構成され，米軍の指揮を受けます。米軍が押さえられなかった住民の抵抗を，米軍の敵であった旧フセイン政権の兵士にやらせようというのですから，なんとも皮肉ではありませんか。
　こうして，ファルージャは多数の犠牲を払いつつも，住民の抵抗が米軍を撤退させるということで一応の結末を迎えたのです。

5　新たな虐殺
　6月19日，米軍は再びファルージャに無差別爆撃をしかけます。米軍機はこの日の朝，ミサイル2発を民家に発射しました。壊された民家の下から22人の遺体が運び出されました。死者には少なくとも女性3人と子ども5人が含まれていました。駐留米軍のキミット准将は「空爆はアルカイダ幹部のザルカウイの組織の隠れ家を狙ったものだ」と述べ，20人前後の死者が出た事実を認めました。
　このように，ファルージャの戦闘は，未だ終結していないのです。

第3　米軍の犯罪

1　無差別爆撃
　米軍は，戦闘機やヘリコプターを使って，住民に対する無差別攻撃を繰り返しました。
　5月7日付朝日新聞は，4月6日に親類を含む5家族31人がいちどに犠牲になったサード・ザーヒさん（18歳）の一家を紹介しています。米軍は，空爆を避けるため42人が集まっていた建物に対して，ミサイルを打ち込み，皆殺しにしたのです。唯一人生き残ったサードさん自身，左目を強く打ち，視

力を失いました。

　運送業サード・シハーブさん（39歳）も自宅を爆撃され，全ての財産を失いました。

　ジョラン地区で，4月6日夜，アブアハメッド・ザアヒさん（男性・45歳）は，親戚36人が集まっていたところ，自宅に爆弾が直撃し，31人が命を落としました。死者の脳味噌が家の天井に飛び散っていたといいます。このような強力な爆弾は地元武装勢力の兵器ではあり得ず，米軍による攻撃と考えるほかありません。

　さまざまな証言に照らし，ブッシュ大統領が米軍に命じ，ファルージャで市民に対する無差別爆撃を行わせた事実は否定できないでしょう。

　これらの事実は，無差別爆撃を禁止したジュネーブ条約第1議定書48条に違反し，「故意による殺害」（規程5条1a，ICC 8条2項ａⅰ）「身体または健康に故意によって深刻な苦痛を引き起こし，または重大な障害を与えること」（規程5条1c，ICC 8条2項aⅲ）「民間施設攻撃」（規程第5条1d，同条2b，ICC 8条2項aⅳ，同条2項bⅱ）に該当し，戦争犯罪にあたります。

2　狙撃兵による無差別殺戮

　米軍の狙撃兵たちは，民家の屋上に陣取り，住民を無差別にねらい打ちしました。大通りで人が動けば，即座に標的になりました。

　5月7日付朝日新聞によれば，雑貨店主カマール・ナワーフさん（31歳）の兄（36歳）は，糖尿病の父親を病院に移そうとしていました。自宅の前で父の手を引いて車にのせようとした時，胸を撃たれのでした。

　ファルージャ近郊に住むアリさんは，家族と避難中に息子がライフル銃で即死しました。木々の間から顔を出した瞬間狙撃されたのです。「米海兵隊の狙撃兵は動く人間には誰でも銃撃する。」とファルージャへの夜通しの任務から戻った占領監視センター（CPT）のスタッフは報告しています。

　ナザル地区に住む男性ムハマド・ムザルベットさん（男性・45歳）は，家の前の路上で米軍狙撃兵によって叔父を殺害されました。この一角で4，5人のイラク市民が狙撃により殺害され，ムハマドさんの一家はちりぢりになりました。妻ザイダンさんは「アメリカは何をもたらしたでしょう？　アメリカは害悪だけをもたらしたのではないでしょうか？」と訴えます。

　さまざまな証言に照らし，ブッシュ大統領が米軍に命じ，ファルージャで

第4章　ファルージャの虐殺

市民に対する無差別殺戮を行わせた事実は否定できないと考えられます。

これらの事実は，「故意による殺害」（規程第5条1a，ICC第8条②ａⅰ）「身体または健康に故意によって深刻な苦痛を引き起こし，または重大な障害を与えること」に該当し，戦争犯罪にあたります。

3 文化財への攻撃

さらに，米軍は，貴重な文化財に対しても容赦ない攻撃を繰り返します。

モスクに対する攻撃がなされたのは7日でした。4月7日，ブッシュ大統領は，武装ヘリコプターによる攻撃を命じ，モスクの中に立てこもっていた40人以上の住民もろとも破壊します。モスクは反米抵抗を訴える中心となっていたからです。

さらに，15日，2番目に大きいモスクが米軍から攻撃され，尖塔が破壊されます。モスク攻撃では，尖塔の先端部や宗教学校の外壁が崩れ，窓ガラスが割れました。これは，ファルージャの二つの病院再開を目的とした48時間の停戦の最中でした。

このように米軍が宗教的施設を破壊したのは，それが人々の団結の拠点になっていたからだと推測されます。このような宗教的施設への攻撃は，文化財保護を命じたジュネーブ条約第1議定書53条に違反し，「宗教…目的に使われる建物に対する攻撃」（規程5条2i，ICC 8条b2項ix）にあたる戦争犯罪です。

4 病院，救急車への攻撃

4月の大半にわたってファルージャ総合病院は封鎖されました。戦闘のはじめの10日間にわたり米軍は住民の避難をまったく許しませんでした。市内で患者を移送することもできず，診療所に狙撃兵による銃撃がされました。救急車にも米軍狙撃兵に何発も弾丸を撃ち込まれ，物資の支援も停止しました。

イラク赤新月社がチャーターした救援医療用車両はファルージャを包囲する米軍によって追い返されました。

医療機関に対する攻撃は，「病院並びに病者及び傷者を集合させている場所に対する攻撃」（規程5条2i，ICC規程8条b2項ix）に当たる戦争犯罪です。

イラク戦争・占領の実像を読む

第4　住民の抵抗権について

1　「武装勢力」はどんな人だったか。

　日本のテレビやマスコミは，ファルージャにおける住民の抵抗を「武装勢力」とか「テロリスト」とか呼んでいます。実際には，彼らはどのような人々だったのでしょうか。

　現地に入ったメディアは彼らがコミュニティの全面的な支持を受けていると伝えています。怪我人の多くを病院に連れてくるのは彼らであり，彼らは，診療所近くで医者を始め人々と気さくに話をしているとされています。イラクで人質になった郡山総一郎さんや安田純平さんらも，武装勢力が現地の農民であり，コミュニティの一部であったと話しています。

　さまざまな情報に照らすと，現地の「武装勢力」はよく言われるような外国から入り込んだ「テロリスト」ではなく，現地住民の共同体で構成された自警団のようなものであったと考えられるでしょう。

2　人民は違法な侵略に対する抵抗権を持つ

　国際法は，人民自決権を保障し，人民が自己の運命を自ら決めることを認めています。イラク国民にとっての人民自決権が，ブッシュ大統領によって踏みにじられてきたことは，1章で詳しくみたとおりです。また，米軍は，占領状態になっても，一部の石油関連施設を除いて治安維持を怠るばかりか，住民を不当に拘束したり，虐待したりしました。

　このような何重もの国際法違反を重ねる米軍に対し，住民が抵抗するのは，国際法上の認められる当然の権利だと言わなければなりません。

　もちろん，その場合でも，たとえば民間人を人質に取るような手段は禁止されています。しかし，そのことと，抵抗権そのものは認められているということとは区別して考えなければなりません。

3　日本の報道の誤り

　日本の報道は，占領軍に対する抵抗を全て「テロ」と呼び，違法なものとみなす傾向にあります。しかし，違法な占領に対し，住民が抵抗する権利があることはいくら強調しても足りません。

第4章　ファルージャの虐殺

第5　日本の責任

　ファルージャの虐殺に参加した米軍の主力は沖縄の海兵隊でした。すなわち，ファルージャ虐殺を実行した第5海兵連隊第1大隊と第1海兵連隊第2連隊ですが，このうち，第5海兵連隊が昨年末に米本土から沖縄入りした800人の海兵隊で，北部訓練場などで約2ヶ月間の演習と訓練を受けていたのです。

　このことからして，米海兵隊に沖縄の基地を提供してきた日本政府も，ファルージャ虐殺事件に責任を負うと考えなければなりません。

第6　罪

1　ブッシュ大統領の罪

　以上のとおり，米軍はファルージャにおいて「故意による殺害」（規程5条1a，ICC8条2項aⅰ）「身体または健康に故意によって深刻な苦痛を引き起こし，または重大な障害を与えること」（規程5条1c，ICC8条2項aⅱ）「民間施設攻撃」（規程5条1d，同条2b，ICC8条2項aⅳ，同条2項bⅱ）「宗教…目的に使われる建物に対する攻撃」（規程5条2i，ICC8条b2項ⅸ）「病院並びに病者及び傷者を集合させている場所に対する攻撃」（規程5条2i，ICC8条b2項ⅸ）にあたる戦争犯罪を犯しました。

　ブッシュ大統領は，これについて上官としての責任を負うものです（規程7条4，ICC28a）。

2　小泉首相の罪

　前に述べたとおり，ファルージャの虐殺事件は沖縄の海兵隊によりなされた戦争犯罪であり，海兵隊に基地を提供した日本政府の責任者である小泉純一郎首相は，その行為の幇助犯として責任を負います（規程7条2項C，ICC25条3項C）。

●第5章
小泉首相の犯罪

　この章では，小泉首相が，主に自衛隊のイラク派兵，膨大な財政支援（対イラクODA）と在日米軍基地の使用を許すことによって，米英軍の侵略に加担し，ひいては，憲法秩序を破壊したことを明らかにします。

第1　ブッシュ大統領の侵略の罪に対する幇助の罪（イラク戦争開始前から）

1　イラク戦争開始前からのテロ特措法での幇助

　もともと，テロ対策特別措置法（テロ特措法）は，アフガニスタンからのテロリストの海上での逃亡防止に貢献するために，作られたものでした。インド洋でテロリストを発見する活動に従事する軍艦に対して，給油をするのが主な役割です。

　ところが，政府は，イラク戦争が始まる前から，イラク攻撃に対する貢献策の一環として，テロ特措法に基づき海上自衛隊がインド洋周辺で実施中の米艦艇などへの給油量を，大幅に積み増す検討を始めていました。具体的には，2003年3月時点で，米英軍の使用量の4割以上を給油していたにもかかわらず，イラク攻撃開始後はこの割合を増やし少なくとも半分以上を日本の負担とする方向で検討していたのです（毎日新聞2003年3月9日）。

　そして，実際に，イラク戦争支援のための給油がテロ特措法に基づいてなされたのです。

　まず，米海軍横須賀基地を母港とする空母キティホークの艦長は，イラク戦争直前の2003年2月末に海上自衛隊補給艦「ときわ」から間接給油を受けたことを明らかにしました。同空母戦闘群の2隻のフリーゲート鑑もイラク戦争に従事中，直接給油を受けています。「ときわ」などが自衛隊横須賀基

地に帰還したさい，米海軍の同基地機関紙「シーホーク」2003年5月23日号は「海上自衛隊艦船，イラクの自由作戦から帰還」と大々的に報じました。

また，米海軍の軍事海上輸送船団（MSC）の機関誌『シーリフト』（2003年6月号）は，MSC所属の給油艦ジョン・エリクソンが「ときわ」から洋上給油を受けている写真を掲載しました。「『イラクの自由作戦』の期間中，ペルシャ湾で燃料を受け取る」との説明をつけています。同誌によると，同給油艦は，イラク戦争に向けた兵力増強のため，ペルシャ湾に集結する海軍部隊への給油活動で中心的な役割を果たしました。

このように，日本政府は，テロ特措法に基づいて，イラク戦争での米英軍の攻撃を直接的，間接的に支援してきたのです。

2　小泉首相の米英軍支持の発言等

(1)　2003年3月13日の時点で，小泉首相は，米国が武力行使を容認する国連安保理決議なしでイラク攻撃に踏み切った場合の対応に関し，「その場の雰囲気だ。状況を見て判断する」という驚くべき無責任な発言をしていました。「状況を見て」というのが，「米国の判断を見て」という意味であることが徐々にわかっていきました。

(2)　まず，2003年3月17日のブッシュ大統領のイラクに対する最後通告に対して，小泉首相は直ちに支持を表明して，米英軍のイラク攻撃を助けました。その根拠として，「大量破壊兵器や化学兵器，生物兵器が独裁者やテロリストに渡った場合，何十万人という生命が脅かされる。極めて危険なフセイン政権に武装解除の意思がないと断定された以上，私は米国の武力行使を支持するのが妥当ではないかと思っている」と述べました（朝日新聞2003年3月19日）。大量破壊兵器の存在を示す証拠がまったく存在しない段階で，それを理由にする論理は全く米国と同じです。また，「極めて危険なフセイン政権」「武装解除の意思がない」という点も何ら日本独自の判断根拠を示していないのです。米国の情報や判断に追随する態度はイラク戦争開始前から明らかでした。

(3)　米英軍がイラク空爆を開始した2003年3月20日当日にも，小泉首相は「米国による武力行使の開始を理解し，支持する」と発言して，米英軍のイラク攻撃を助けたのです。

(4)　さらに，翌日の21日には，小泉首相は，国会において，先制攻撃論に

ついても,「米国がテロや大量破壊兵器の拡散といった新たな脅威に対し断固たる姿勢で臨み,国際社会と連携しつつ強力なリーダーシップを発揮する決意を示したもの」と理解を示しました(朝日新聞2003年3月21日)。そこには国際法上先制攻撃が許されるのかどうかといった思慮は全く見られず,ただただ米国が「断固たる姿勢で臨み」「強力なリーダーシップを発揮する決意を示し」たことを賞賛するだけなのです。

これらの発言はすべて,米英軍の攻撃を容易にしたという意味で,米英軍の攻撃に対する幇助と言えます。

3 罪

これらの行為は,米英軍の侵略の罪を幇助した罪(規程7条2項c, 2条,ICC25条3項c, 5条)にあたり,戦争犯罪となります。

第2 違法な侵略に対する共同正犯(イラク戦争開始後)

1 イラク特措法成立過程及びその内容に関する問題点(自衛隊派遣前)

(1) 拙速な成立過程

イラク特措法は,衆議院特別委員会で審議入りしてから,わずか10日で可決されました。自衛隊を初めて戦闘が続いている国に派遣するにも関わらず,実質的な議論が行われないまま議決に至ったのです。

自衛隊が担う任務についても,最初は具体的な任務を明らかにしない方針を採っていましたが,野党の追及を受けて途中から,給水や浄水,空輸にニーズがあるとの説明に転じました。しかし,これも与党調査団によるわずか3日間の視察をもとにしたものに過ぎなかったのです。

(2) 米英軍支持のための法律

米国に頼まれたから派遣するのではないかという野党の質問に対して小泉首相は日本独自の判断だという答弁をしましたが,一方では,武力行使に正当性があるから米英軍を支持したと明確に述べ,米英軍支持を鮮明にしています(朝日新聞2003年7月4日)。

2 自衛隊派遣後

(1) 事実的側面

A 自衛隊の,米英軍の占領に加担する行為

自衛隊は，占領軍の一員として，現在公表されているだけでも以下のような活動を行なっています。

　まず，「安全確保支援活動」の一環として，自衛隊は占領軍に参加する武装兵士を運ぶ役割を担っています。(朝日新聞2003年12月16日等)。占領行為を担う武装兵士がいなくては占領軍がイラク占領を続けることはできませんから，自衛隊が武装兵士を運ぶことは，まさに直接的に占領軍のイラク占領に加担する行為と言えます。

　また，航空自衛隊を中心として，米軍を中心にCPAに参加する他国軍の物資輸送を行っています。自衛隊が運ぶ物資には武器・弾薬が含まれていま

イラク特措法　10日で可決がいかに早いか？

　イラク特別措置法（イラク特措法）は，2003年通常国会終盤の6月13日に国会に提案され，7月26日未明に参議院本会議で可決・成立しました。衆議院特別委の審議日数はわずか10日。参議院審議を含めても10数日しかなかったのです。

　イラク特措法は，戦地・占領地のイラクに自衛隊を送り，「人道復興支援」「安全確保支援」活動に従事―占領統治に参加させるという自衛隊海外派兵法です。「安全確保支援」には残敵掃討作戦支援や治安維持活動支援も含まれ，そのためにROE（交戦規則）まで規定するという法律です。まさに「殺すことも殺されることもある」（小泉首相）境涯に自衛隊を送り込むものなのです。そんな重要な法律が実質10日で可決させられました。これがいかに早いか，過去の自衛隊海外派兵法等の審議と比較してみましょう。

　初めて自衛隊を海外派兵するために制定された国連PKO協力法は，1992年6月に成立しましたが，この法が成立するまでに2国会にわたる審議を要し（一旦廃案になり再提出），内閣は当初の海部内閣から宮沢内閣に変わっていました。そして，当時の社会党は成立に反対し，所属議員の総辞職願い，採決時の「牛歩戦術」（採決に2日間かかった！）採用等の抵抗を試みました。

　また，周辺事態法（1999年），有事関連三法（2003年）もそれぞれ成立までに2国会審議を要しています。

　この事実からも，イラク特措法がいかに早く成立したかがわかります。

イラク戦争・占領の実像を読む

す。防衛庁では当初から，航空自衛隊の任務として米軍の武器・弾薬を含む空輸計画を立てていました（毎日新聞2003年12月11日）。これに対し，小泉首相が国会答弁で「武器・弾薬は運ばない」という答弁を行いました。

　しかし，小泉首相の国会答弁後も石破防衛庁長官は，他国軍の要請を受けた物資輸送について「一つ一つ開けて調べたら，コアリション（有志連合）の信頼関係は成り立たない」と会見で述べ，自衛隊が物資輸送にあたり独自に武器・弾薬が含まれていないことの確認作業は行わない方針を明らかにしています（朝日新聞2003年2月16日）。

　このように，日本政府は当初から自衛隊が占領軍の武器・弾薬を運ぶ計画を立てその前提でイラク派兵の準備を進めてきましたし，現在もその方針は変更されていません。

　また，実際にも，武器を携行する米兵輸送が，2004年3月中旬以降，複数回にわたって行われていることが確認されています（朝日新聞2004年4月9日）。イラク派遣の実施要項では，「武器（弾薬を含む）の輸送は行わない」とされていますが，政府は他国兵を輸送する際に，護身用として携行する武器は「武器・弾薬に当たらない」としています（沖縄タイムス2003年12月10日）。

　しかし，自衛隊は，占領軍が占領を続けるために不可欠な武器・弾薬を運搬することにより，占領軍がイラクの市民を抑圧することを手助けしていることは明らかであり，これは，自衛隊が直接に占領軍のイラク占領に加担する行為です。

　また，前述したようにイラク特措法による支援とは別に，テロ対策特別措置法に基づき，インド洋，アラビア海で給油による対米支援をしています（朝日新聞2004年4月14日）。これも明確に自衛隊が占領軍のイラク占領に加担する行為です。

　このように，自衛隊は，「安全確保支援活動」を通して，また，テロ対策特別措置法を通してイラク占領に加担しているのです。

　B　自衛隊は，人道復興支援活動を行っていない。
　a　日本政府は，自衛隊をイラクへ派兵して「人道復興支援活動」を行うと主張している

　自衛隊という軍備を備えた組織は，イラクの人たちが期待している復興支援を行うには，そもそも全く不適切な組織です。

第5章　小泉首相の犯罪

日本政府が定める「人道復興支援活動」に従事する自衛隊員はわずか120人（浄水・給水活動30人，自衛隊員の治療と合わせて現地の医療支援活動を行う衛生隊40人，宿営設営後に公共施設復旧活動にあたる施設隊50人）にすぎません。警備部隊の方が数が多いのです。

　その給水・浄水活動も，サマワ市街地へ出かけていって給水活動を行うのではなく，宿営地で濾過した水をサマワ市の給水車に宿営地まで取りに来てもらい，サマワ市給水車がサマワ市民に水を配る，というもので，給水活動の一部を補助するにすぎない作業しか予定されていません（朝日新聞2003年12月20日等）。

　イラク派遣後の実際の給水活動においても，ムサンナ州においては，一日20万トンの水が必要なところ，自衛隊が供給できているのは，わずか80トンに過ぎないのです。イラク人による自前の供給力が10万トン以下という現状においては，自衛隊の供給量は極めて不十分なものに過ぎません。地元の人たちは，給水よりも水道施設がほしいと言っていますが（東京新聞2004年4月28日），それに対して，陸上自衛隊の幹部は，「資材があれば付けられるが，それには別の予算か，政府からのODAが必要だろう」と答えているだけです。このことからしても，自衛隊が復興支援活動に不向きであることがよくわかります。

　また，日本政府はイラクで復興支援活動を行っているフランスの非政府組織（NGO）「アクテッド」に，草の根・人間の安全保障無償資金協力として約3900万円を供与することを決定しました（朝日新聞2004年4月20日）。サマワなどムサンナ州で行っている給水活動を支援するため，自衛隊自らが行う活動と競合する活動を支援するということは，まさに，自衛隊の給水活動が不十分なものにすぎないことを示すものであると言えます。

　b　イラクの市民のニーズに全く合わない。
　(a)　依然として高い失業率
　自衛隊が派兵される先のサマワがあるムサンナ県では，失業率が70％を超えています（毎日新聞2004年1月7日）。サマワでも，雇用を求めるデモがたびたび起きています。
　サマワでは，多くの市民が職を求め，自衛隊に雇用の創出を期待しているのです。
　しかし，自衛隊は自己完結的な組織（戦地での活動を想定している以上，

自衛隊の組織以外の人を使うことなく，自衛隊の内部調達により全ての事態へ応急的に対応するようになっています）であり，自衛隊が派兵・駐留することに伴い雇用の場が増える，ということはそもそも期待できません。

さらに自衛隊は復興支援として崩壊した建物の修理等を行う予定ですが，本来サマワの人たちが雇われて修理することができる部分まで自衛隊員が建物修理を行うことによって，サマワの人たちの雇用の場がますます失われています。

しかも，サマワの人口だけでも40万人といわれ（情報によって差があるが），この7割が失業者といわれる現状からすると，サマワでは少なく見積もっても20万人が失業していることとなります。

仮に自衛隊が多少の雇用を行うとしても，サマワの多くの市民に貢献できる雇用など，到底出来るはずがないのです。

(b) 崩壊した病院，不足する医薬品，不十分な医師の研修

2003年5月1日のブッシュ大統領の戦闘終結宣言から，半年以上がたった現在でも，イラクでは医薬品が足りません。

病院の設備も1990年の湾岸戦争とその後の経済封鎖，それに追い打ちをかけたイラク攻撃により破壊されて復旧していません。

自衛隊の衛生隊（40人）が応急措置的な治療の支援をする予定ですが，イラクではこういった一時的な治療が求められているわけではないのです。

そもそもイラクでは，失われた病院の機能回復のために根本的な医療支援をする必要があるのです。自衛隊を派兵しても，そのような医療支援はできません。

(c) 劣化ウランによる放射線被害—劣化ウラン除去を。被曝治療を。

劣化ウラン弾による白血病・癌等に苦しむ子ども達が後を絶ちません。治療態勢がほとんどないため，白血病・癌等に苦しむ市民に対しても十分な治療ができない状態が続いているのです（朝日新聞2003年12月11日，中日新聞2003年12月13日）。

一番早く手をつけなければならないのは，こういった市民・子ども達への医療的支援です。

自衛隊が派兵されるサマワ市街地でも劣化ウラン弾が発見されています。しかし，自衛隊は劣化ウラン弾除去作業を行う予定もなく，被曝治療を支援する予定もないのです。

第5章　小泉首相の犯罪

自衛隊は，イラクへ派兵されても，イラクの人たちが期待している人道復興支援を行うことを目的としていないし，そもそも不可能なのです。それは，自衛隊が軍備を備えた自己完結的な組織であり，雇用を作り出したり，医療支援を行うための組織ではないからです。

(d)　活動の休止

　さらに，邦人人質事件の直後，サマワに駐留する陸上自衛隊は，宿営地外での学校・病院補修活動の自粛期間を延長し，宿営地内にこもっています（日本経済新聞2004年4月20日）。非戦闘地域で人道支援活動を行うという政府の主張が，いかにイラクの実態からかけ離れたものであるかを示すものであるといえます。

　また，サマワからの帰国隊員の話によれば，サマワでは大部分の隊員が宿営地内での活動であり，「国内の演習場に宿営地を建設して帰ってくるのと同じではないかと感じてしまう。新聞などで住民から歓迎されていると言われても，隊員がそれを実感することは難しかった」と振り返っており（朝日新聞2004年5月21日），派遣された自衛隊員でさえ，人道支援活動を行ったという実感に欠けているのです。

(2) 法的側面

A　自衛隊は，法的には占領軍の一員であること

a　CPA統治下への自衛隊派兵について

　イラクへ派兵された自衛隊は，法的に見た場合「連合国の指図または管理の下にある」部隊として「連合国要員」という位置づけになります。

　すなわち，CPAのブレマー行政官から日本政府に宛てて出された，2003年12月12日付書簡には自衛隊は連合国要員として，「CPA命令第17号に定められたように処遇される」と明記されています。これは，自衛隊が仮にイラク市民を殺害するようなことがあっても，自衛隊は連合国要員であるから，イラクの法律によって罰せられずイラクで裁判を受けることはない（裁判権の免除），という内容の書簡です。このように占領軍であるCPAから，占領に関わる特権や保護を受けながら，占領軍の一員ではないという主張は通用しません。

　また，イラクの占領を続けているCJTF7（第7連合統合任務軍）は，2004年1月23日，日本の新聞記者からの質問に対し「自衛隊は，CJTF7の指揮下に入ることになる。サンチェス中将（司令官）は，彼らの特性を認識してお

り，自衛隊は彼らの任務の特性の範囲内で活動することになる。」と答え，自衛隊が占領軍の一員となることを明らかにしています。さらに，CJTFのホームページには，日本が多国籍軍の一員であり，英国の指揮下に入ることが明示されています。また，在日米軍のホームページでは，「日本の自衛隊が2004年3月3日，連合空軍の一部として初めてイラクへの人道支援の飛行を行い，タリル空軍基地に着陸した」こと，連合空軍の副司令官が「航空自衛隊を連合チームの一員として迎えることに感動している」と述べたことが紹介されています。

以上から，政府が何と言おうと，自衛隊が国際的には占領軍の一員であることは明らかです。

b 主権移譲後のイラクへの自衛隊派兵について

さらに，2004年6月8日安保理で採択された決議1546に明記された多国籍軍への参加を念頭にして，小泉首相は，翌日である同月9日に，主要国首脳会議出席のため訪米した際，ブッシュ大統領との会談の中で，「イラク暫定政権に歓迎される形で自衛隊派遣を継続する」と述べて，多国籍軍への参加を表明しました（共同通信2004年6月9日）。

政府は，自衛隊の活動は日本国の指揮下に入り，日本独自の判断で主体的に活動していくので，他国の武力行使と一体化はしないと述べています（共同通信2004年6月14日）。

しかし，国連安保理決議1546には，「under unified command」と書かれており，政府は「統合された司令部」と解釈していますが，この言葉の従来の政府訳は，「統一された指揮下」であったのです。また，米国国防省のロドマン次官補が，この言葉を「米軍の指揮と理解される」と文書で指摘もしています（毎日新聞2004年6月19日）。政府が，実際には，多国籍軍の指揮下に入るという実態を覆い隠すために無理矢理訳を変えようとしていることは明らかです。また，政府解釈自体，従来は，多国籍軍への参加は多国籍軍の指揮下に入るために不可能と説明していたのです。

よって，多国籍軍への参加は，占領軍としての多国籍軍と自衛隊が一体化することを意味することになります。

B 占領の法的性格との関係

米英軍によるイラク攻撃開始後20日余りでフセイン政権は崩壊し以後，イラク全土が米英軍の占領下に置かれることになりました。2003年5月1日に

は，ブッシュ大統領が大規模戦闘の終結を宣言しました。しかし，戦争の一方当事者，それも攻撃を仕掛けた側が戦闘の終結を宣言したからといって，それで戦争が終了するわけではありません。

占領は武力による敵国領土の支配であり，それ自身武力行使の一形態ですから，占領が続いている限りは，相手国による反撃や抵抗の有無に関わらず，武力が行使され続けているという言うべきなのです。

そうだとすれば，米英軍の占領下にあるイラクに自衛隊を派遣し，その占領統治に協力することは，米英の武力行使に加担しているものと言わざるをえないのです。

そして，前に見たように，国連安保理決議1483でも，同1511でも，同1546でも米英軍の占領は正当化されないのですから，やはり，違法な武力行使への加担であり，共同正犯であると言えます。

3　小泉首相の罪

以上より，自衛隊をイラクへ派兵した小泉首相の行為は，米英軍の侵略の罪に対する共同正犯（規程7条2項a，同2条，ICC25条3項a，同5条）に該当し，戦争犯罪となります。

第3　違法な占領に対する幇助

1　占領への財政支援（対イラクODA）

小泉首相はイラク占領に軍事面で参画するだけでなく，膨大な財政支出をおこない占領を支援しています。

小泉首相は2004年〜2007年の4年間に総額50億ドル（約5500億円）を「援助」の名のもと占領統治のために支出するとしました。2004年は15億ドルが無償資金協力で支出され，2005年以降35億ドルが円借款で支出される計画です。すでに，警察車両（パトカー）1150台（約31億円）が供与され，イラク復興信託基金に4.9億ドル（約540億円），発電所・港湾施設の復旧工事などに350億円が支出されています（2004年5月時点）。

この問題点は次のとおりです。

（1）日本の50億ドルもふくめて「イラク復興支援国会議」参加国の拠出表明額330億ドルは，CPA（暫定占領行政当局）の意向を受けて占領統治のために使われることです。イラク国民が計画する復興のためではありません。

それはフランス・ドイツ・ロシアは「支援措置は，正統政府樹立後に行われるべき」と主張し，拠出を見送っていることからもわかります。

(2) 50億ドルという額は，アメリカの203億ドルに次ぐ額で日米だけで拠出表明額全体の76％を占めるほど巨額です。日本の財政支援が占領統治の大きな役割を果たしているのです。

(3) 50億ドルはODA（政府開発援助）として支出されますが，これまでのODA原則からも大きく逸脱しています。ODAは建前としては要請主義です。つまり，被援助国イラク政府からの要請を受け，初めて援助が行われる仕組みです。小泉首相は，この建前さえも投げ捨てました。イラクODAでは政府間の交換公文が締結されていないのです。交換公文とは，合意を発効させる条約の一種とされており，締結した政府はその内容に拘束されることとなっています（1974年3月4日の衆議院外務委員会における宮崎繁樹参考人（明治大学教授）の供述より）。交換公文がないのですから，イラクODAは違法の疑いの強い行為です。

小泉首相が，50億ドルもの巨額なODAをイラクに投入する狙いは何でしょうか。イラク復興利権を日本企業などが取りたいからです。パトカー1150台供与を受注したのは三菱商事などでした。三菱商事は，イラク南部のアル・ガラフ油田の採掘権をめぐってイラクと交渉しています。ここは自衛隊が派兵されているサマワからわずか40マイル東の地点です。「公的資金を批判なく企業に還流させる回路として，復興支援は格好の機能を持つものかもしれません」（三菱証券IRコンティング室長・三ツ谷誠）と利権狙いが語られています。戦争と利権は，ブッシュ政権とハリバートンだけでなく日本も同様です。

個別的自衛権

外国からの違法な侵害に対して，自国を防衛するために緊急の必要がある場合，それに武力をもって反撃する国際法上の権利。1928年の不戦条約締結に際し，条約上禁止される戦争から留保されるものとして問題になり，国連憲章では，自衛権が武力攻撃に対して発動される加盟国の固有の権利であることが明文で認められた。

第5章　小泉首相の犯罪

2 小泉首相の責任

このように違法な占領を支援する財政援助は，侵略の罪に対する幇助（規程7条2項c，同2条，ICC25条3項c，同5条）にあたり戦争犯罪となります。

第4　憲法秩序の破壊

1　日本国憲法9条の内容

憲法9条は第1項で，「戦争を放棄」し，戦争に至らない「武力の行使」や「武力による威嚇」もしないことを定めています。

第2項では，戦争をしないために，「陸海空軍その他の戦力」を保持しないこと，戦争のときに交戦国に与えられる権利（＝交戦権）を認めないことを定め，国に対して戦争のための実力を持つことも，戦争を行う法的な権利も禁止しているのです。

憲法9条で「持ってはいけない」，と禁じられた「戦力」については，「自衛」のためなら持って良いとか，「必要最小限度の実力」なら持って良いという条件はついていません。したがって，自衛隊を憲法違反だと考える学説が学界の通説です。この立場からは，憲法に違反する自衛隊を持つことが既に憲法違反であり，自衛隊を海外に派遣する法律は憲法に違反することになります。

2　日本国憲法9条の意義

（1）国連憲章との共通性

国連憲章の成立が1945年，日本国憲法の公布が1946年，施行が1947年です。両者はともに，第二次世界大戦で大勢の市民に犠牲者が出たことを背景にして生まれました。両者にはその歴史的背景の共通性から，大きな共通点があります。それは，戦争を違法化したということです。

国連憲章においては，2条4項で，「すべての加盟国は，その国際関係において，武力による威嚇又は武力の行使を，いかなる国の領土保全又は政治的独立に対するものも，また，国際連合の目的と両立しない他のいかなる方法によるものも慎まなければならない」として，武力による威嚇または武力の行使を一般的に禁止しました。

他方，日本国憲法においても，9条1項において，「国権の発動たる戦争

と，武力による威嚇又は武力の行使は，国際紛争を解決する手段としては，永久にこれを放棄する」として，やはり，武力による威嚇又は武力の行使を永遠に放棄しています。

(2) 国連憲章との相違

A 武力行使の可能性について

他方で，両者には相違点もあります。すなわち，国連憲章においては，51条において個別的及び集団的自衛権の行使が認められ，また，42条等が規定する，集団的な安全保障の一環としての軍事的な制裁措置というものを定めています。戦争の違法化は宣言しつつ，最終的には軍事力によって平和を実現しようとしています。それに対して，日本国憲法においては，争いはありますが，一般的には自衛権も含めてすべての武力行使を否定していると考え

集団的自衛権

　他の国家が武力攻撃を受けた場合，これと密接な関係にある国家が被攻撃国を援助し共同してその防衛にあたる権利。その国家自体に対する現実の武力攻撃があることを必要としない。国連憲章51条は，国連加盟国に対して武力攻撃が発生した場合，加盟国は，安全保障理事会が有効な措置をとるまでの間，その固有の個別的自衛権または集団的自衛権を行使できると定める。権利であるならば，その発動に他国の要請や同意は不要であるが，国際司法裁判所は，1986年のニカラグア事件本案判決で，集団的自衛権の発動には被攻撃国の要請等が必要である旨判示している。

集団的安全保障

　安全保障体制参加国内のいずれかの国家が行う侵略等に対し，他の参加国が協力してその侵略等に対抗することを約し，国家の安全を相互に集団的に保障しようとする安全保障の方式。集団保障ともいう。国家の平和・安全は，当該国家自身ないし他国との軍事同盟その他の連携によって維持しようとする個別的安全保障に対比される。国際連盟規約が最初に採用し，国際連合憲章がこれを踏襲した。

第5章 小泉首相の犯罪

られています。その意味で、日本国憲法は戦争の違法化を徹底したものであると言えます。平和の理念を一歩進めたものであると言えるのです。そしてこの考え方は、決して非現実的なあるいは理想主義的なものではなく、武力の行使によっては、最終的に平和を実現することはできないというリアリズムを、日本国憲法は内包しているのです。

B 軍縮について

戦争を防ぐためには、戦争を違法化するだけでは不十分で、軍縮が何よりも必要になります。国連憲章においても、総会に対して軍縮に関して審議し、勧告を出す権限を与えています（国連憲章11条1項）。

しかし、軍縮は一般的には国家間の交渉を通じてなされ、しかも、A国がこれだけ軍備を減らすからB国も同じだけの軍備を減らすという相互主義が支配するため、現実には、遅々として進まないことがよくあります。

それに対して、日本国憲法は、9条2項において、「陸海空軍その他の戦力は、これを保持しない」と規定し、いわば一方的に軍備の放棄を宣言しているのです。この意味でも、日本国憲法は、平和実現のためには、すべての国が軍備を放棄しなければならないという優れたリアリズムを体現しているのです。

また、戦時の犠牲を最小限に食い止めようという国際人道法に関する代表的な文書の一つである、ジュネーブ条約第1議定書において、いかなる攻撃も禁止される無防備地域（第59条）のことが定められていますが、日本国憲法9条はいわば国全体で無防備地域の宣言をしていると考えることができるのです。

このように、日本国憲法は、平和実現にとって極めて有効なものであり、それは、1999年のハーグ平和アピール市民会議において採択された「公正な世界秩序のための10の原則」の最初の原則に日本国憲法が挙げられていることからも明らかです。

それにもかかわらず、小泉首相はこの貴重な憲法9条を根本から破壊し、無防備地域を先制攻撃地域に変容させることによって、日本の安全さえ脅かそうとしているのです。

2　自衛隊のイラクへの派兵は、「武力の行使」を禁じた憲法9条に反する

(1)「安全確保支援活動」は「武力行使」に該当する

日本政府は,「国際協力」「復興支援」として自衛隊が海外に行くのであって,「武力の行使」にあたらない,だから今回の派遣は憲法9条には反しないと主張しています。イラク特措法でも,その目的は「人道支援活動及び安全確保支援活動」だとしています。
　しかし,既に述べたように,「安全確保支援活動」とは,CPAの傘下に入り,その指揮の下,米英軍への後方支援活動を意味します。これは国際法上明らかに「武力の行使」にあたり,憲法9条の禁止する「武力行使」に該当するのです。

(2)「人道復興支援活動」も「武力の行使」にあたる

　また,自衛隊が派遣されているサマワは,間違いなく,戦闘地域です。
　すなわち,2004年4月には,イラク各地でイスラム教シーア派の対米強硬派指導者ムクタダ・サドル師支持者と駐留連合軍の衝突が深刻化する中,サマワ市ではイラク警察が5日夜緊急警戒情報を発令し(産経新聞2004年4月6日),7日には,サマワの自衛隊の宿営地近くに砲弾が3発撃ち込まれ,そのうちの1カ所は宿営地からわずか北東に400～500メートルのところに着弾しました(朝日新聞2004年4月8日)。その後も,同月22日,25日に,CPAサマワ事務所付近に迫撃弾が撃ち込まれています(日本経済新聞2004年4月26日)。
　そして,同月4日から自衛隊の宿営地外での復興支援活動が休止しています(朝日新聞2004年4月7日)。これは,自衛隊自身が,サマワが「戦闘地域」であることを認めていることの証左です。
　したがって,イラク全土が「戦闘地域」である状態での自衛隊の派兵は,イラク特措法に反するだけでなく,「武力の行使」を禁じた憲法9条に正面から反することは明らかなのです。

(3) 航空自衛隊の活動地域は,イラク全土であり,そもそも「非戦闘地域」に限定されていない

　自衛隊派兵の「基本計画」では,航空自衛隊は,クウェートを拠点に,「バスラ飛行場,バグダッド飛行場,バラド飛行場,モスル飛行場等」への輸送業務を行うことになっています。末尾に「等」とあるように,あくまでも例示にすぎません。「これ以外の空港への空輸もありうる」(内閣官房)のです。
　イラクの主要飛行場は北部から南部までほぼ全域に分布しており,しかも,

第5章　小泉首相の犯罪

占領軍への攻撃が集中しているバグダッド周辺に飛行場が集中しているのです。これまでイラク国内では、米軍のC130輸送機に対する携帯式の地対空ミサイルによる攻撃が複数あったことが明らかにされています。そのような危険な状態にあるにもかかわらず、イラク国内の空港が「非戦闘地域」とされる根拠は政府から全く示されていません。

したがって、特に航空自衛隊の派兵は、「イラク特措法」に反することは明らかであり、「武力の行使」を禁止した憲法9条に反することは一見極めて明白です。

3　自衛隊のイラクへの派兵は、「交戦権」の行使を禁止している憲法9条に反している

憲法が禁ずる「交戦権」の意味について、政府は「戦時国際法における、交戦国が国際法上有する種々の権利の総称」と理解しています。その中には「相手国兵力の殺傷及び破壊、相手国の領土の占領、そこにおける占領行政など」も含まれます。

したがって、「相手国の領土の占領、そこにおける占領行政」に加担することは、「交戦権」の行使となり、憲法9条に反することになるのです。

先に示したように、自衛隊はCPAの指揮下に入り、占領軍の一員として占領支配の一翼を担うことになります。イラクの領土の占領行政に加担する以上、自衛隊の派兵は「交戦権」の行使にあたることは明白であり、憲法9条2項に反することになるのです。

4　小泉首相の責任

以上から明らかなように、小泉首相は、侵略の罪に加担することによって国際法秩序を破壊したのみならず、重要な意義を有する憲法秩序をも破壊したのです。

第5　在日米軍基地の果たす役割と犯罪性

1　イラク戦争開始前からの在日米軍基地のイラクへの関与

在日米軍は、米国がアジアに配備した最大・最強の戦力です。そして、イラクへの攻撃は、在日米軍基地の存在抜きには遂行不可能でした。日米政府による安保条約と地位協定によって、この在日米軍基地という戦争マシーン

は，イラクを攻撃するためにきっちりとその歯車に組み込まれています。イラク攻撃に在日米軍基地が果たした役割はあまりにも大きく，その無差別攻撃を実行した犯罪性も明らかです。

2003年3月20日のイラク開戦の前，すでに在日米軍はイラク攻撃のための偵察，計画策定，準備，訓練，演習とともに直接的な攻撃を開始していました。

湾岸戦終結後の1996年から，イラク飛行禁止区域を監視するために，三沢基地と嘉手納基地の空軍部隊が90日間の交替制で任務に就いていました。

イラク飛行禁止区域は，北部区域を監視する「ノーザン・ウォッチ作戦」と南部区域を監視する「サザン・ウォッチ作戦」に分けられ，嘉手納基地所属のF15戦闘機部隊（12機編成）と三沢基地所属のF16C戦闘機部隊（8機編成）によって展開されていました。

この二つの戦闘機部隊は，イラク飛行禁止区域を監視するとともに，度々攻撃を繰り返していました。1998年12月には，イラク北部区域において嘉手納基地所属のF15戦闘機がイラク軍と応戦したことを嘉手納基地報道部が沖縄タイムス紙の取材で認めています。また2000年3月3日には，嘉手納基地から第44飛行隊のF15戦闘機12機がイラクに向けて飛び立ったことが確認されています。

このようにイラク開戦前から，在日米軍基地はイラク戦争に深く関わっていたのです。

2 イラク戦争に対する在日米軍基地の関与

それでは，米英軍によるイラク攻撃は，どのように開始されたのでしょうか。また在日米軍基地はどのように関わっていたのでしょうか。

開戦の前段階において，米陸軍第1特殊作戦分遣隊（デルタ・フォース）と米陸軍特殊作戦部隊（グリーン・ベレー）は，すでにイラク国内に潜入し，偵察活動を行っていました。この内，グリーン・ベレーは，読谷村のトリイ・ステーションに所属し，嘉手納基地に配備されている特殊任務航空機MC130コンバットタロンによって夜間飛行のうえイラクに潜入したと言われています。

そして，この部隊からの情報をもとに，当初予定していた大規模空爆を突如変更し，フセイン大統領個人に照準を合わせたという限定空爆から始まり

第5章 小泉首相の犯罪

ました。作戦名は,「イラクの自由作戦」といいます。

3月20日（現地時間午前5時33分），紅海に待機していた駆逐艦やペルシャ湾で展開していた3隻の空母とミサイル巡洋艦，イージス艦など6隻から40発余りの巡行ミサイル「トマホーク」と2機のF117Aスティルス戦闘爆撃機による20発以上の精密誘導弾と特殊貫通爆弾バンカーバスターがバグダッド市内の8つの標的を攻撃しました。

20日夜，フセイン大統領の消息が不明なまま，米軍はイラク全土を自由かつ安全に飛行できる状態を作り出すために制空権確保の作戦に移りました。

イラク制空権確保のために発動したのが,さきほどの飛行禁止区域を監視していた米軍三沢基地所属の第14飛行隊です。部隊の任務は，バグダッド周辺に広がるイラク軍の地対空サイトをミサイルで，F16戦闘機から攻撃し，徹底的に破壊することにありました。この部隊は，サザン・ウォッチ作戦の2002年12月からバグダッド陥落の2004年4月9日までに，延べ約750回，総飛行時間3700時間を出撃し，1機当たり120回以上（600時間以上）という濃密さで連日連夜バグダッド上空から攻撃を続けました。この三沢基地所属のF16戦闘部隊がイラク攻撃に参加した最初の非スティルス機でありミサイルを最初に発射した部隊です。イラク防空網制圧という特殊部隊は，1800機に及ぶ有志連合（米海軍，米海兵隊，米陸軍，英軍，オーストラリア軍，カナダ軍を含む）の露払いの役を務めました。

米軍は，攻撃2日目の21日からは「衝撃と恐怖」作戦と称した大規模空爆作戦に入りました。攻撃は，米本土から大西洋を越えて飛来したF132スティルス爆撃機，紅海とペルシャ湾で展開していた艦船・潜水艦，英国南西部のフェアフォード飛行場で待機していたB52爆撃機などからイラク国内の主要都市であるバグダッド，モスル，キルクーク，バスラなどに巡行ミサイル「トマホーク」，レーザー誘導弾，特殊貫通爆弾バンカーバスターで徹底的な空爆を続けたのです。開戦から4日目の24日までにトマホークはすでに500発以上，その他のミサイルは1000発以上が発射されました（朝日新聞・毎日新聞・東京新聞2003年3月22日）。

また，今年4月に米中央航空軍が発表した「数字で見るイラク」によると，イラク戦争中に合計908発のクラスター爆弾が使用されましたが，その内80発を投下したのが三沢基地所属のF16戦闘機でした。

沖縄の海兵隊がイラク攻撃に関わっていたとする正式な情報は，イスラム

イラク戦争・占領の実像を読む

教シーア派強硬派指導者のムクタダ・サドル師との激戦が伝えられる中，ファルージャ虐殺が引き起こされた際に明らかにされました。

4月7日，米軍は最大で1個師団規模の約25000人程度の米軍増強を発表しましたが，その際，ファルージャを封鎖し，掃討作戦を実行したのが第5海兵連隊第1大隊と第1海兵連隊第2連隊で，この内第5海兵連隊第1大隊が昨年末に米本土から沖縄入りした約800人の海兵隊で，北部訓練場などで約2ヶ月間の演習と訓練を受けていたことが判明しました。

その後，沖縄から派兵された海兵隊から死傷者など犠牲が増える中で，イラクには沖縄からの3000人の海兵隊が派兵され，普天間飛行場，キャンプ・シュワブとキャンプ・ハンセンからは1700人が参加したことが明らかになりました。

沖縄に駐留する米海兵隊のうち，イラクへ今年2月から4月にかけて順次派遣される第3歩兵大隊など計約3000人の大半については，7ヶ月の任務終了後，沖縄に戻らず歩兵大隊の原隊であるカリフォルニア州キャンプ・ペンドルトン海兵隊基地とミズーリー州にある基地に戻ることが検討されています（共同通信2004年1月31日）。

このようにイラク攻撃には，在日米軍基地所属の嘉手納と三沢の空軍が飛行機禁止区域での偵察と監視行動に加わり，開戦後には制空権確保のために露払い役として最初の空対地ミサイル攻撃でイラク軍のミサイルサイトを攻撃したこと，大規模空爆でクラスター爆弾の投下をしたこと，そして，今年2月からは，普天間飛行場，キャンプ・シュワブ，キャンプハンセンの海兵隊が地上軍として，ファルージャ虐殺にかかわったことなどが判明しています。

3　小泉首相の罪

小泉首相が，在日米軍基地をイラク戦争のために利用させた行為は，米英軍の侵略の罪を幇助した罪（規程7条2項c，同2条，ICC25条3項c，5条）にあたり，戦争犯罪となります。

イラク国際戦犯民衆法廷（ICTI）実行委員会編
連絡先：〒162-0815　東京都新宿区筑土八幡町2-21-301　なかま共同事務所
　　　　Tel/Fax：03-3267-0144　Web：http://www.icti-e.com/office-infomation.html
　　　　E-Mail：houtei@icti-e.com　mailto:houtei@icti-e.com

GENJINブックレット43

イラク戦争・占領の実像を読む
ブッシュ・ブレア・小泉への起訴状
【ブッシュの戦争犯罪を裁くPart4】
War Crimes: Fourth Report on United States War Crimes.

2004年7月17日　第1版第1刷

編　者●イラク国際戦犯民衆法廷（ICTI）実行委員会編
The Executive Committe of the International Criminal Tribunal for Iraq (ed.)

発行人●成澤壽信
発行所●株式会社現代人文社
　　〒160-0016　東京都新宿区信濃町20　佐藤ビル201
　　振替：00130-3-52366　　電話：03-5379-0307（代表）　　FAX：03-5379-5388
　　E-Mail：daihyo@genjin.jp（代表）, hanbai@genjin.jp（販売）
　　Web●http://www.genjin.jp

発売所●株式会社大学図書
印刷所●株式会社ミツワ
装　丁●Push-up（並河野里子）

検印省略　　PRINTED IN JAPAN
ISBN4-87798-220-5　C0036
Ⓒ2004　GENDAIJINBUN-SHA

本書の一部あるいは全部を無断で複写・転載・転訳載などをすること、または磁気媒体等に入力することは、法律で認められた場合を除き、著作者および出版者の権利の侵害となりますので、これらの行為をする場合には、あらかじめ小社また編集者宛に承諾を求めてください。